밥이 그리워졌다

밥이 그리워졌다

김용희 음식 에세이

엄마는 늙으셨고
희미한 웃음만 내게 보여주신다.
반짝반짝 하늘의 별처럼
늘 삶의 지혜를 가르쳐주시던
내 인생의 전처,
친정 엄마에게
이 책을 바친다.

책머리에

내 인생의
전처였던
친정 엄마에게

몸살이다. 진땀을 흘리며 조퇴해 집으로 왔다. 이불을 깔고 누워 잠든 늦은 오후. 눈을 떴다. 이미 창가는 어둑했다. 온몸이 땀으로 흥건하고 마디마디 쑤셨다. 힘이 없고 정신은 몽롱하기만 하다. 지금 내가 어디에 있는지 대체 여기는 어디인지조차 알 수가 없다. 그때 하늘에서 내려오는 세상의 구원처럼 누군가 누워 있는 나를 내려다보며 말하는 것이다.

'애야, 일어나 죽이라도 좀 먹어야지.'

하지만 눈을 떠보면 그곳에는 아무도 없는 허공뿐. 손끝

내 인생의 전처였던 친정 엄마에게

에 잡히는 것은 어둑한 정적뿐.

'아, 맞아. 그렇지.'

순간 알게 된다. 내가 이혼을 하듯 전처를 떠나왔다는 사실을. 전처의 음식을 그리워하는 홀아비가 되었다는 사실을. 몸져누워 있어도 누구 하나 나를 위해 죽 한 그릇 끓여줄 사람이 없다는 사실을.

'엄마가 끓여주던 갱갱이죽(멸치 육수에 콩나물, 신김치, 밥, 떡국떡을 넣고 푹 끓여 죽을 만드는데 이것을 경상도에서는 '갱갱이죽'이라 부른다) 한 그릇이면 금방이라도 감기 몸살이 나을 것도 같은데…….'

*

나는 어둠 속에서 몸을 일으킨다. 땀에 젖은 몸으로 스산한 한기를 느끼며 냉장고 쪽으로 걸어간다.

'뭐라도 먹어야 되겠어.'

순간 '띠, 띠, 띠' 현관문이 열린다.

"엄마, 밥 줘!"

"으응?…… 아들?"

"응. 나, 배고파 죽겠단 말이야!"

맞다. 나는 단순한 홀아비가 아니다. 아무리 내 몸이 아파도 밥을 해주어야 할 아들이 있고 남편이 있다.

*

텔레비전 화면에 수많은 '먹방'이 넘쳐난다. 그러나 현대인들은 아무리 먹고 먹어도 영혼의 허기에 허덕일 뿐이다. 음식은 단순히 물질이 아니다. 정신적인 것이다. 더할 수 없는 쾌락으로 우리의 혀끝에 맴돌다 목구멍 너머로 사라지고 나면 지독한 허전함만 남기는 음식들. 내 주변에 아무도 없기 때문일까. 마음 불편한 사람과 먹는 음식이 어찌 맛나다고 할 수 있을까? 그렇기에 사랑하는 사람과 함께 먹는 음식이 이 세상에서 가장 맛난 음식이다. 맛있는 음식을 먹었을 때 떠오르는 사람이 진정 사랑하는 사람이다.

*

이번 생에서 '기억할 만한 음식' 50가지를 부려놓는다.

내 인생의 전처였던 친정 엄마에게

인생 날것의 맛을 보여주겠다. 칼국수, 카레라이스, 스테이크, 회전초밥, 닭백숙, 육개장, 삼겹살, 떡볶이 등……. 느닷없이 내 인생의 추억을 소환하는 음식들.

이번 생에서는 마지막일 음식들을 호명해 입안으로 집어넣는다. 혀로 굴리며 그 맛을 음미해본다. 내 인생에서 결정적인 순간, 그 음식들이 함께 곁에 있어 주었다. 함께 웃고 울어 주었다.

*

음식은 신의 공여供與다. 어떤 생명체의 죽음이 깃들어 있다. 나의 생명이 누군가의 생명에 빚진 대가라고 생각하면 음식 앞에서 장엄한 슬픔을 느낀다. 먹고 산다는 것이 참 신산스럽기만 하다. 성스럽기만 하다. 당신이 누구인지를 알고 싶으면 지금까지 먹은 음식이 무엇이었는지를 기억하라. 그것이 당신의 인생이다.

2020년 봄날
김용희 쓰다

차례

책머리에 내 인생의 전처였던 친정 엄마에게　　　6

제1부 세상에서 가장 따뜻한 한 끼

먹이는 것의 거룩함에 대하여 칼국수	17
폭신함과 보드라움의 추억 달걀말이	22
자식을 기다리며 끓이는 전복죽	28
세상에서 가장 고소한 기름기 삼겹살	32
사랑은 기다림이 반이다 고등어구이	37
입이 미어터지는 행복 상추쌈	42
아버지는 무엇으로 기억되는가? 잔멸치덮밥	46
견고한 용서에 대하여 닭백숙	50
이국에서 온 낭만 손님 카레라이스	55
나를 구원하는 빛 빵	60

제2부 사랑이 떠나도 그 맛은 남으니까

그린라이트를 켜줘! 조개탕　　　67
크리스마스에 첫눈이 내리면 팝콘　　　70
아이보리 매직 막걸리　　　75
달콤하고 쓸쓸한 연애 커피　　　80
실연의 상처를 달래는 몇 가지 방법 양푼비빔밥　　　85
순수하고 뜨거운 눈물 떡볶이　　　91
사랑의 환각을 완성시키는 맛 스테이크　　　96
당신과 결혼한 진짜 이유 김치찌개　　　101
이보다 야할 수는 없다 꼬막무침　　　107
죽음 앞에서 사랑은 선지해장국　　　112

제3부 외로움이 내 마음을 두드릴 때

청춘을 위한 연가 라면　　　119
먹는 자와 튀기는 자 치킨　　　125

가벼운 농담과 실용성의 맛 햄버거	130
조직이 그대를 속일지라도 회전초밥	136
배고픈 슬픔이 영혼에 차오를 때 쌀밥	141
비 오는 날의 처량함에 대하여 전	147
고향을 잃고 맛을 얻다 냉면	152
영혼이 떠난 뒤의 심심한 맛 헛제삿밥	157
유배지에서 맛보는 고독의 맛 동파육	162
나의 안부가 궁금해질 때 김밥	167

제4부 내 영혼의 허기를 채워줄 한 끼

아삭아삭 내 인생 양배추샌드위치	177
혼자여도 함께 있는 친구 가자미미역국	182
내 마음이 익어갈 때 와인	188
나를 쓰다듬어주고 싶을 때 짜장면	194
왕만두만 한 복이 올 거야 만두	201
한여름에 만나는 눈사람 팥빙수	206

당신의 한가로움을 찬양하라 차 　　　　　　211
내 인생도 반짝일 때가 있었다 초콜릿 　　　216
먹고 기도하고 사랑하라 김치볶음밥 　　　221
단 하루밖에 없는 오늘이라는 선물 생일 케이크 　　226

제5부) 생은 계속된다

가난한 사람의 최후의 보양식 설렁탕 　　　235
죽기 전에 생각나는 육개장 　　　　　　　241
세상에서 가장 소박한 은총 풀빵 　　　　　245
심심하고 무심한 인생의 맛 메밀묵 　　　　249
생존을 위한 대가 간장게장 　　　　　　　254
내 청춘을 덮어주던 따뜻한 담요 한 장 돈가스 　258
세상에 너무 심각할 일은 없어 수박 　　　　264
전쟁과 굶주림을 이겨내다 김치 　　　　　269
콩은 힘이 세다 콩국수 　　　　　　　　　274
매일매일 찬란한 인생은 없다 사과 　　　　279

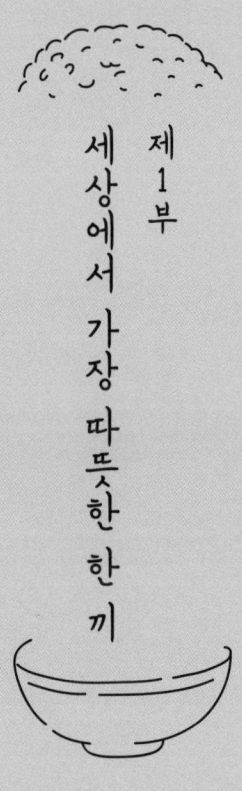

제1부
세상에서 가장 따뜻한 한 끼

칼
국
수

먹이는 것의
거룩함에
대하여

단 한 그릇의 국수를 먹을 때도 우리는 기억해야 한다. 먹는 행위가 있으면 먹이는 행위가 있다는 것을. 내가 씹고, 삼키고, 우물거리는 사이 누군가 썰고, 가르고, 다지고 있다는 것을. 졸이고, 찌고, 차리고 있다는 것을.

김애란의 소설『칼자국』은 '먹이는 행위'에 대한 헌사다. 모름지기 모든 음식은 칼날에서부터 시작하고 있다고 이야기한다. "어머니의 칼끝에는 평생 누군가를 거둬 먹인 사람의 무심함이 서려 있다."

소설은 평생 칼국수 가게를 한 어머니에 대한 기록을 담고 있다. 대개 그렇듯 음식점은 무능한 가장 탓에 여자가 제 식구 먹이기 위해 할 수 있는 최후의 보루 같은 것이다. 칼국수 가게는 더 말할 나위가 없다. 여자가 소자본으로 쉽게 시작할 수 있는 일 중 하나다. 그래서 어머니는 칼을 든다. 도마질 소리에서 가족의 아침이, 식구의 밥벌이가 열린다.

나의 엄마도 외지에 나간 식구들이 다 모였을 때 콩가루와 밀가루를 섞어 칼국수를 만들어주었다. 경상도에서는 밀가루에 콩가루를 섞어 칼국수 반죽을 한다. 어느 정도 치대다 반죽이 다 되면 넓은 비닐을 깔고 홍두깨로 민다. 홍두깨가 없으면 다 쓴 형광등으로 민다. 반죽이 끝나고 흰 눈가루처럼 밀가루를 뿌리며 썰어갈 쯤엔 침이 꼴깍꼴깍 넘어간다. 쫄깃쫄깃 씹힐 칼국수를 생각하면.

칼국수에는 칼의 기억이 숨겨져 있다. 칼국수 한 가락 한 가락 썰어나가는 마디마다 칼날의 섬세함과 우직함이 담겨

엄마는 칼을 든 무사였다.
세상의 헐벗음 속에서 새끼를 지켜내기 위해
스스로 칼을 든 무사.

있다. 그러니까 엄마는 칼을 든 무사였다. 세상의 헐벗음 속에서 새끼를 지켜내기 위해 스스로 칼을 든 무사.

다시마 우린 물에 멸치와 바지락을 넣고 끓인다. 육수에 가늘게 썬 국수를 눈가루를 뿌리듯 집어넣어 삶아낸다. 국수가 부르르 살을 떨듯 끓어오를 때 찬물을 약간 부어 그 숨을 죽인다. 다시 뿌옇게 국물이 끓어오르면 불을 끈다. 칼국수와 고추 다대기와 김치 한 접시와 함께 상에 내놓다. 김이 모락모락 나는 칼국수 가락을 젓가락으로 끌어올려본다. 입으로 호호 불며 우적거리는 시간.

그때 알게 된다. 칼국수 안에 칼의 사랑이 숨겨져 있다는 것을. 김애란은 이야기한다. "어머니의 칼에서 사랑이나 희생을 보려 한 건 아니었다. 나는 거기서 그냥 '어미'를 봤다. 그리고 그때 나는 자식이 아니라 새끼가 됐다."

엄마의 칼국수를 먹다보면 내가 따뜻하게 지켜지고 있다는 생각이 든다. 엄마는 나의 무사니까. 먹은 이들이 있다면 먹이는 이들이 있다. 아니 평생을 먹이는 이가 있다. 새끼를 먹이는 제비처럼. 오므리는 입에 먹을 것을 넣어주던 칼자국이 있다. 씹고 삼켜서 내장이 되고 간이 되고 심장이 되는 음식들. 먹이는 것의 숭고함에 대해 생각한다. 먹이는 것의 거룩함에 대해 생각한다.

> 달걀말이

**폭신함과
보드라움의
추억**

　　일본 사람들이 좋아하는 세 가지가 있다고 한다. 스모, 후지산, 달걀말이. 이누도 잇신 감독의 영화 〈조제, 호랑이 그리고 물고기들〉에는 달걀말이에 대한 이야기가 나온다.

　　하반신 불구인 조제가 자신을 구해준 쓰네오에게 아침밥을 대접한다. 하반신을 쓰지 못하면서도 조제는 싱크대 위에서 한 손으로 능숙하게 달걀을 깨뜨린다. 조형물처럼 예쁘게 말린 달걀말이. 쓰네오가 한 손에 밥공기를 들고 한 손에 나무젓가락을 쥐고 달걀말이를 한 입 베어 문다. 순간 얼굴에 미소가 번져간다.

집 안에 틀어박혀 외로운 시간을 무궁한 독서와 사색으로 보내는 조제. 그녀는 마작 알바를 하는 바람둥이 대학생 쓰네오보다 훨씬 삶에 대해 당당하다. 완벽하게 말린 달걀말이는 삶에 대한 조제의 깊은 성숙과 오만할 만큼의 초연함을 상징한다.

훌륭한 달걀말이를 만나는 일은 흔치 않다. 절묘한 불 조절이 필요하다. 적절한 기름의 양 또한 고려해야 한다. 가장 중요한 것은 무엇보다 프라이팬에 펼쳐놓은 달걀을 깔끔하게 둘둘 잘 말아내는 일이다. 어떤 경우는 태울 수도 있고 옆구리를 터뜨릴 수도 있다.

달걀말이는 달걀프라이와 함께 1970~1980년대 교복 세대 도시락 반찬의 최고봉이었다. 햄이 나오기 전 소시지나 달걀말이는 도시락 반찬의 로망이었다. 1960년대 유년을 보내야 했던 베이비부머 세대에게 달걀은 가슴 밑바닥 아픈

사연이 담겨 있다.

마당에서 놀던 닭이 달걀을 두 개밖에 낳지 않은 날에 엄마는 결정을 해야 한다. 누구에게 달걀을 줄 것인가? 그날도 엄마는 어김없이 달걀말이를 가장인 아버지와 큰오빠의 밥그릇 속에 깊숙이 숨겨두셨다. 달걀이 한 개만 있을 때는 큰오빠의 양은 도시락에만 몰래 넣어두셨다. 그때 처음으로 알게 되었다. 가족 간에도 계급이 있다는 것을. 남자와 여자 사이에도 계급이 있다는 것을.

초등학교 시절 어느 날, 그날은 닭이 힘이 좋았는지 달걀을 많이 낳았나 보다. 점심시간 종이 울리고 도시락 뚜껑을 열었을 때 달걀말이가 한가득 들어 있는 것을 보았다. 삶에서 용기와 응원을 받는 것만 같았다. '세상에서 가장 폭신하고 보드라운 맛.'

그러나 내가 젓가락을 대기도 전에 후닥닥, 아약! 순식간의 일이었다. 반 친구들이 젓가락을 들고 덤벼들어 달걀말이를 한 개도 남김없이 다 해치우는 게 아닌가. 그날은 큰오

도시락 뚜껑을 열었을 때
달걀말이가 한가득 들어 있는 것을 보았다.
삶에서 용기와 응원을 받는 것만 같았다.

빠만큼 큰언니만큼 나도 달걀말이를 엄청 많이 먹을 수 있을 거라 생각했는데…….

그날은 기가 막힌 날이었다. 낙담한 마음으로 수업을 마쳤을 때였다. 신발장에서 신발을 갈아 신고 가려고 하는데, 비가 억수같이 쏟아지고 있었다. 교문 앞에는 엄마들이 우산을 들고 수업이 끝나기를 기다리는 게 보였다. 내 옆에서 신발을 갈아 신던 친구들이 한결같이 "엄마" 하고 부르며 교문 앞으로 달려갔다. 그리고 내 곁에 어떤 친구도 없다는 것을 알았다. 교문 앞에 우산을 들고 있는 우리 엄마는 보이지 않았다. 당연했다. 엄마는 언제나 공장일로 바쁘셨으니까. 비가 온다고 학교까지 우산을 들고 올 리가 없을 터였다.

비를 쫄딱 맞으며 집으로 왔다. 오랜만에 싸온 달걀말이도 빼앗기고 비까지 맞은 그날은 내 인생 최악의 날이었다. 대문을 열고 현관으로 들어서려는 때였다.
"벌써 학교 끝났나? 데리러 가려 했는데?"
엄마는 우비를 챙기며 막 대툇돌에 놓인 신발을 신고 계셨다. 그 모습을 보자 나도 모르게 엄마에게 뛰어갔다. 그리고 마구마구 울기 시작했다.

"어, 어, 와 그라노? 무신 일 있었나?"

나는 대답 대신 엄마 품에 파고들었다. 그 많은 달걀말이를 먹지 못하고 빼앗긴 것이 분해 운 것인지 비를 맞아서 운 것인지 엄마가 너무 보고 싶어서 운 것인지 알 수가 없었다.

내 유년을 키워주던 달걀말이. 그것은 아픔이고 상처였다. 위로이고 용기였다. 닭이 달걀을 품듯 엄마를 닮은 따스한 달걀말이가 있어 내 유년의 기억은 여전히 따뜻하다.

| 전복죽 |

자식을
기다리며
끓이는

　　　　　가장 귀한 분이 찾아온다면 당신은 어떤 음식을 대접하고 싶은가? 세상에 진귀하고 화려한 일품요리는 많다. 미슐랭 별 다섯 개를 받은 파스타, 청나라 황족들이 먹었다는 전가복……. 그러나 맛난 음식과 마음을 담은 요리는 다르다. 엄마의 손맛이란 것은 음식에 만드는 이의 정성과 영혼과 예의가 들어간다는 뜻이다. 접시 위에서 자신의 명성을 빛내고자 하는 것이나 돈을 벌기 위한 것과는 다르다.

서정주는 시 「시론」에서 세상에서 가장 귀한 식재료에 대해 노래한다. 그것은 전복이다. 매일 물질을 하는 제주 해녀도 님 오시는 날 따려고 가장 좋은 전복을 따지 않는단다. 님 오시는 날 대접하려는 음식은 전복 요리다. 요즘은 양식養殖이 나오고 있지만 몇 해 전만 해도 양식이 안 되던 터라 아주 비쌌다. 외지에 나가 고생하며 돈 벌다 돌아온 남편에게 먹이던 음식, 전복은 고단백·고영양 보양식이다.

엄마는 내가 오랜만에 친정에 갈 때마다 아침에 전복죽을 끓여주셨다. 활전복을 곱게 채 썰어 참기름에 달달 볶은 후, 중간 정도 간 흰쌀과 함께 다시 볶는다. 곧이어 물을 붓고 한소끔 끓인다. 나무주걱으로 눋지 않게 쌀이 퍼지고 뜸이 들도록 저어준다.

고소한 참기름내와 전복의 바닷내가 집 안에 진동할 때쯤이면 서울에서 일하랴 애 키우랴 부산하고 고단했던 내 생이 위로받는 기분이 든다. 대한민국에서 살아가는 여자에게 정성을 다해 음식을 해주는 이는 엄마밖에 없다. 전복죽은 '내 영혼의 따뜻한 닭고기 수프'다. 터질 듯한 피로를 잠

재우는 요람이다.

그래서인지 서정주의 시는 다시금 가슴을 울린다. 저 바다 깊숙한 곳에서 전복을 따는 제주 해녀는 가장 좋은 전복을 '아직 따지 않은 것'이다. "제일 좋은 건 님 오시는 날 따다주려고 물속 바위에 붙은 그대로 남겨둔단다." 깊은 물속에 남겨둔 것은 사랑하는 사람을 기다리는 순수한 마음이다.

사랑이 가장 진해지는 때는 님이 왔을 때가 아니라 님을 '기다리는 시간'이다. 세상에서 가장 좋은 것을 보물처럼 숨겨둔 채 님을 기다리는 시간이다.

문득 우리 모두가 허공에 떠다니는 먼지 입자에 불과하다는 것을 느끼게 되는 순간 알게 된다. 우리의 공허를 채워주는 것은 사랑밖에 없다는 것을. 아니 가슴 깊숙이 숨겨둔 '설렘과 기다림'밖에 없다는 것을.

그래서 전복죽을 먹이는 순간보다 끓이는 그 시간, 엄마는 더 행복했을지도 모른다. 기다리는 시간은 상상만으로 사랑하는 이를 가슴에 품게 되는 시간이기에. 사랑하는 이를 기다리며 전복죽을 끓이는 시간, 세상의 모든 행복이 어깨에 내려와 앉았을 것이다.

> 삼겹살

세상에서
가장 고소한
기름기

　　　　여기 한 가족이 있다. 아니, 가족이라니. 웬수도 이런 웬수가 없다. 전과 5범으로 "뒤룩뒤룩 도야지처럼 살이 찐" 큰아들 한모, 데뷔 영화 실패 후 백수로 놀다 다 팔아먹고 딱 목매달기 일보 직전인 영화감독 둘째 아들 인모, 두 번의 이혼 전력으로 카페에서 술장사를 하는 딸 막내 미연. 자식들의 평균 나이는 마흔. 게다가 알고 보니 셋 다 하나같이 이복형제에 이부남매다. 콩가루 집안도 이런 콩가루 집안이 없다.

송해성 감독의 영화 〈고령화 가족〉은 70대 엄마 집에 이 자식들이 다 함께 들어와 살면서 시작한다. 어느 날 저녁, 베란다에서 엄마가 사온 삼겹살을 구워 먹는다. 다들 입이 미어져라 고기를 쑤셔넣으면서도 서로 아웅다웅한다. 그런데도 엄마에게서는 예전에 볼 수 없던 활기가 느껴진다. 세상에, 무슨 기분 좋은 일이 있다고.

동네 할멈들의 말대로라면 "서방은 차에 치여 죽고", "큰아들은 여자애를 강제로 거시기 혀서 가막소를 수도 읎시 들락거린 인간 말종"이며, "딸 하나는 바람피우다 서방한테서 쫓겨나 술집에 나"가고, 그나마 대학 나온 둘째 아들은 백수가 되어 "늙은 지 에미 등골 뽑아먹고" 있는데……. 삼겹살을 입이 미어터져라 먹고 있는 자식들을 보는 엄마의 표정은 뭐랄까, 어미새 앞에 있는 새끼새를 보는 흐뭇한 미소랄까, 안쓰러움이랄까?

그러니까 알겠다, 삼겹살이 주는 위안을. 삼겹살을 먹으며 알게 된다. 가족은 원래부터 만들어진 것이 아니라는 것을. 만들어져 가는 것이라는 것을. 엄마는 말한다. "사람은 어려울수록 잘 먹어야 된다."

　엄마는 진즉에 알았다. 바깥이 전쟁터라는 것을. 거친 삶의 광야에서 헐떡거리는 영혼을 채워주는 것은 기름진 그 고소한 육질의 맛이란 것을.

　바람 가득한 겨울 벌판에서 보이지 않는 적과 싸우다 문득 삼겹살이 먹고 싶다. 세상에서 미아가 되었다고 느껴질 때 가족들은 삼겹살을 구워 먹는다. 다른 사람 눈치도 보지 않고, 이것저것 고민도 하지 않고.

　그렇다. 이 세상에서 나는 우발적이고 우연한 존재가 아니다. 나는 본질적이고 필연적인 존재다. 나를 위해 삼겹살을 구워주고 내가 삼겹살을 먹는 모습을 가장 예쁘게 봐주는 엄마가 있으니까.

　엄마가 삼겹살을 지글지글 굽는다. 앞뒤로 뒤집더니 잘 익은 삼겹살을 내 밥 위에 올려준다. 그러고는 다시 삼겹살을 굽는다. 나는 엄마 앞에서 한없이 거드름을 피우며 호사

거친 삶의 광야에서 헐떡거리는

영혼을 채워주는 것은

기름진 그 고소한 육질의 맛이란 것을.

를 누리는 여느 자식 같다. 마음껏 버릇없어 보기로 한다.

 엄마에게 먹어보라는 소리도 없이 삼겹살을 상추에 싸서 입이 미어터져라 넣는다. 식도를 타고 흘러내려가는 기름진 육즙. 세상의 미아에서 구원되는 해방감. 백수로 살다 죽더라도 엄마가 구워주는 삼겹살만 있으면 좋겠다. 나는 영원히 어린아이여도 좋겠다.

> 고등어구이

사랑은
기다림이
반이다

    내가 친정에 내려갈 때마다 엄마는 곰탕을 끓여 놓았다. 사골과 소꼬리를 사와서 한나절을 끓이는 일이다. 한여름 그 더운 날에도 하루 종일 고아 식힌 후 냉장고에 넣어 다시 차갑게 했다. 하룻밤이 지나 차가워지면 흰 기름기를 싹싹 걷어냈다.

    얼마나 많은 시간과 수고가 들어가는 음식인가? 그런데 칼슘은커녕 오히려 칼로리만 높은 콜레스테롤이 가득하다는 것을 알지 못했던 엄마는 곰탕이 칼슘과 영양 많은 최고의 보양식이라고 생각했던 것이다.

학교 다닐 때 방과 후 현관문을 열자마자 책가방을 내팽개치듯 던지고 엄마에게 빨리 밥 달라고 소리를 질렀다. 그러면 엄마는 배고파 곧 숨이 넘어갈 것 같은 나의 허기를 귀신같이 짧은 순간에 후닥닥 밥상을 차려 달래주었다. 그러니까 엄마는 우렁 각시였다. 숨어서 비밀스러운 뭔가를 늘 준비하고 있는. 썰고 절이고 담그고 쟁여두는.

대체 간이 딱 맞고 입에 착착 붙는 음식들을 언제 그렇게 준비해놓는 걸까? 나이 들어 음식을 먹는 일보다 가스레인지에 올려놓은 냄비를 태워먹는 일이 더 많았던 나는, 신선한 채소를 요리해서 먹기보다 냉장고 채소 칸에서 채소가 썩어 버리는 일이 더 많았던 나는, 비로소 알게 되었다. 음식을 만드는 데 얼마나 많은 앞당겨진 시간이 필요한지를.

소고기와 돼지고기 볶음은 미리 한나절 재워두지 않으면 양념이 배이지 않는다는 사실을. 갈비는 핏물을 빼기 위해 한나절 물에 담가두어야 한다는 사실을. 마늘초절임, 양파

하늘을 나는 새 같은

등 푸른 고등어를 먹기 위해

우리는 많은 시간을 기다려야 했는지 모른다.

초절임, 명이나물절임 등 수많은 절임에는 며칠 동안 숙성의 시간이 필요하다는 사실을. 부엌에 수많은 식재료가 숙성되고 절여지고 양념이 배이기 위해 끝없이 부지런히 소란스럽게 시간이 '스며들고 있다는 것'을 알게 되었다.

그래서 나는 김창완의 노래 〈어머니와 고등어〉가 좋다. 한밤중에 목이 말라 일어났는데 냉장고 안에서 발견한 고등어. 아침에 고등어를 구워주기 위해 엄마는 전날 밤에 고등어를 절여두신 거구나. 아침 식사를 위해 미리 식재료를 준비해두어야 하는 거구나.

엄마는 아침밥을 차리기 위해 식재료를 다듬고 절이고 재우면서 콧노래를 불렀는지도 모른다. 엄마는 아침을 기다리며 즐거우셨을지도 모른다. 사랑하는 일은 기다리는 일이 더 설레는 일이니까. 식재료를 다듬고 절이면서 기다리는 시간, 그 순간만큼은 순수하게 그 사람에게 집중하는 시간이기에. 그 사람을 생각하는 시간이기에.

우리가 고등어를 먹기 위해 어부는 바다에 그물을 던져

야 했으리라. 어부는 어판장에서 잡아온 고등어를 팔아야 했으리라. 눈이 똥그란 고등어는 얼음 상자에 담겨 수산시장으로 마트로 달려가야 했으리라. 그리고 다시 엄마의 손에서 배가 갈리고 소금에 절여져야 했으리라. 고등어구이를 먹기 위해, 하늘을 나는 새 같은 등 푸른 고등어를 먹기 위해 우리는 많은 시간을 기다려야 했는지 모른다.

삶이란 대부분의 시간은 기다림인지 모른다. 사랑의 대부분은 기다림인지 모른다. 살아가면서 희망을 기다리고, 사랑을 기다리고, 다시 내일을 기다린다. 어쩌면 모든 숨 쉬는 것은 오게 될 그 무언가를 기다리는 행위인지도 모른다. 결국에 우리는 언젠가 다가올 죽음을 기다리게 되겠지만…….

친정에 내려간 나는 김창완처럼 흥얼흥얼 신날지도 모른다. 엄마의 밥상을 기다리는 그 시간 내내 나는 행복할 거니까.

> 상추쌈

입이
미어터지는
행복

        천명관의 소설 『고령화 가족』에서 엄마는 나이 들어 다시 돌아온 자식들에게 매일같이 상추쌈에다 삼겹살을 구워 먹인다. 엄마는 자식들이 입이 터져라 상추쌈을 먹는 것이 보기만 해도 좋다. 머리가 희끗한 자식인데도 그저 "노란 주둥이를 내밀고 먹을 것을 달라 짖어대는 제비새끼들처럼" 바라본다. 자식들이 상추쌈을 먹는 모습이 예쁘기만 하다.

        쌉싸름하면서 씹을수록 달콤해지는 채소가 있다. 상추다.

세상에서 가장 따뜻한 한 끼

한때 텃밭 열풍이 분 적이 있었다. 텃밭에서 처음 심게 되는 채소가 상추다. 그만큼 쉽게 재배할 수 있다. 생명력도 좋아 한 번 심어두면 잎사귀 몇 잎을 뜯어먹어도 자라나고 또 자라난다.

상추쌈은 잘 구운 고기 한 점과 마늘, 고추, 파채, 쌈장을 싸서 먹는 것이 정석이다. 하지만 예전에만 해도 아니었다. 한여름 시골 더위에 소쿠리에 담긴 너풀너풀 치마 같은 상추 몇 잎을 손바닥에 올려놓고 그 위에 밥과 강된장만 싸서 먹어도 여름 밥상으로는 그만이었다. 찬 성질의 상추는 따뜻한 성질의 강된장이 함께여야 조화를 이룬다.

상추에 대한 이야기는 고려시대로 거슬러 올라간다. 몽골의 끊임없는 침입 끝에 고려는 원나라에 공녀를 바칠 수밖에 없었다. 충렬왕 때 결혼도감이 설치되었고, 처녀들을 색출하기 시작했다.

초기에는 과부, 역적의 처, 승려의 딸을 대상으로 공녀를 뽑았다. 하지만 원나라에서 양인 집안 자녀를 원하자 귀족과 평민 집안의 딸도 그 대상이 되었다. 어린 나이에 원나라로 끌려간 공녀들은 황실의 시녀와 몸종, 성적 노리갯감이 되기 일쑤였다. 물설고 낯선 이국땅에서 고향에 대한 그리움을 달랠 길이 없었다.

공녀들은 황궁의 빈터에 상추를 심기 시작했다. 이역만리 타국으로 끌려온 고려의 여인들이 유일하게 고향의 맛을 느낄 수 있었던 것은 상추쌈이었다. 뜯어도 뜯어도 또 자라나는 상추의 생명력이 있었기에 고려의 여인들은 고향에 대한 향수를 달랠 수 있었다. 그래서 상추쌈은 고향의 맛이다. 엄마의 맛이 난다.

삼겹살은 기본이고 돼지갈비, 제육볶음, 소불고기, 소고기 로스, 심지어 닭볶음탕을 먹을 때도 상추쌈에 싸서 먹는다. 한국 사람들은 유난히 쌈을 좋아한다. 상추쌈은 그 안에 어떤 것을 다 싸 넣어도 되는 한국의 '보자기'를 닮았다. 보자기는 내용물에 따라 크게도 작게도 혹은 그 모양대로 내용물을 감싼다.

밥알 딱 백 알로 똑같이 만들어내는 일본 초밥이 있다. 입에 적당한 크기로 규격화된 중국 딤섬이 있다. 상추쌈은 그 안에 어떤 것을 담느냐에 따라 크게도 작게도 달라진다. 어떤 것도 다 감쌀 수 있는 엄마의 품 같다.

엄마는 상추의 물기를 탈탈 턴 후에 상추 위에다 고슬고슬한 밥 한 숟가락, 고기 한 점, 마늘 한 쪽, 파채, 쌈장을 넣고 보자기처럼 쌈을 쌌다. 그리고 나보고 아, 하고 입을 벌리란다. 나는 마음껏 입을 벌려본다.

무정형의 사랑, 어떤 것으로도 규격화하지 않고 크든 작든 모든 것을 다 감싸줄 것 같은 것이 엄마란 생각이 든다. 상추쌈을 먹으며, 입이 미어터져라 상추쌈을 우적거리며 고향 생각을 한다. 엄마 생각을 한다.

> 잔멸치덮밥

아버지는
무엇으로
기억되는가?

맛이란 건 참 오묘하기만 하다. 단 한 번 먹은 음식이 아련한 기억의 한순간을 솟아나게 하니 말이다.

고레에다 히로카즈 감독의 영화 〈바닷마을 다이어리〉는 아버지 기억에 대한 영화다. 어린 시절 세 딸과 아내를 버리고 집을 나간 아버지. 10여 년이 지나고 세 딸은 아버지의 임종 소식을 듣는다. 아버지의 장례식에서 아버지의 둘째 부인의 딸인 스즈를 만나게 된다. 아버지에 대한 따뜻한 추억을 가지고 씩씩하게 사는 이복동생 스즈에게 세 언니는 이상한 연민을 느끼며 같이 살자고 제안한다. 그렇게 바닷마을에 다이어리는 시작된다.

어쩌면 스즈의 엄마 때문에 세 딸은 아버지를 잃어버리게 된 것인지도 모르지만, 스즈 또한 자신의 존재만으로 상처받는 사람이 있다는 사실이 견딜 수가 없는 것인지도 모르지만, 이들은 서로를 보듬고 함께 살아간다.

스즈가 말한다.
"잔멸치덮밥은 실은 아버지가 자주 만들어주던 요리였어."
그러자 셋째 딸 지카가 말한다.
"사실 나 어려서 아버지에 대한 기억이 별로 없어. 가끔 아버지에 대한 이야기도 좀 해줘."
스즈가 다시 말을 잇는다.
"병실 창가에 벚꽃이 가득했는데 아빠가 그러셨어. 죽기 전에 아름다운 걸 아름답다고 느낄 수 있어 행복했다고."
세 딸은 이복동생 스즈를 통해 아버지에 대한 기억을 조합해나간다.

옛날 기억이 떠오른다. 김이 오르는 부엌에서는 엄마가 열심히 뭔가 딸그락거리며 만들고 있다. 다섯 남매는 칠보 밥상에 둘러앉아 젓가락을 부딪치며 밥을 먹었다. 아버지는 우리가 어릴 때 우리나 엄마와 겸상을 한 적이 거의 없었다. 늘 밥상을 따로 차려 큰방에서 혼자 드셨다.

아버지는 말년에 암으로 병석에 누워 있었는데, 그 깡마른 모습을 보았을 때 나는 어떤 말도 못하고 눈물만 흘렸다. 아버지가 엄격하고 무서워 나는 도망 다녔다. 초등학교 시절 아버지가 학교에 찾아왔을 때 나는 복도에서 아버지를 피해 도망갔다. 임종 때까지 그 일에 대해 사과하지 못했다. 마음에 돌이킬 수 없는 일들만 가슴에 오래 남는다.

산업화 1세대, 척박하고 굶주렸던 1960~1970년대, 오직 가족을 먹여 살리는 것만이 최고의 가치였던 우리 시대의 아버지. 아버지는 무엇으로 기억되는가?

내게는 아버지가 만들어준 음식이 없다. 잔멸치덮밥이라니……. 아버지에 대한 추억의 맛도 없다. 다만 당신 딸 결혼식 때 보인 눈물인지 땀인지를 닦던 젖은 손수건 정도. 첫 애 나으러 친정에 갔을 때 희미하게 웃으시던 모습 정도.

시간은 덧없이 흐르기만 하고 황량한 거리에 낙엽들만 가득하다. 서걱서걱 낙엽이 바람 속에서 몸을 비틀며 운다. 그렇게 나는 세상 속으로 걸어갈 것이다. 내가 살아야 할 단 하나의 삶이 있다고, 사람들은 제각각의 슬픔과 고통을 가슴에 추처럼 달고 있다고, 아버지는 말씀하셨다.

어쩌면 그런 것 같다. 꿋꿋한 영혼처럼 가족을 위해 걸어온 땀범벅의 소금 기둥. 그 짠맛이 아버지를 기억하게 하는 맛인지도 모르겠다.

닭
백
숙

견고한
용서에
대하여

세상에서 가장 힘든 것이 무엇일까? 그것은 바로 '회심回心', 즉 마음을 돌이키는 것이다. 마음을 돌이키는 것은 가졌던 모든 세계를 버리는 사건. 내 존재를 빈 공간으로 던져버리는 사건. 그래서 그 사건은 어떤 사건보다도 가장 내 마음을 움직이게 한다.

어느 겨울 새벽 시골집이었던가. 창호지를 바른 방문의 문풍지가 가느다랗게 아기처럼 운다. 아직도 창백함이 남아 있는 새벽녘, 나이 든 아버지가 사랑채 문고리를 밀고 나온다. 어둠이 새벽에 의해 서서히 찢겨나가고 있다. 새하얀 눈발이 날리고 있는 마당가, 어슴푸레한 대기 속을 뚫고 무릎을 절룩거리며 간 곳은 뒤뜰 아궁이, 불쏘시개로 불을 붙여 솥에 물을 끓인다. 닭을 잡을 요량이다. 김운영의 시 「눈발 날리는 마당」은 이 같은 풍경에서 시작하고 있다.

"오래오래 눈발이 아버지 / 빈 어깨에 배꽃처럼 쌓이면요 / 오래오래 가마솥 연기 / 마음의 폭정暴政 몸 밖으로 / 서서히 증발되고 있으면요 / 아버지 사발에 담아 / 안방에 어머니에게요 / 아버지 붉은 동맥 모세혈관 풀어 / 어머니에게 비는 / 견고한 용서 / 닭백숙의 용서를 말이지요 / 살과 뼈 허물어지는 해산解産처럼 / 맑은 국물 눈물 말이지요 / 어머니가 밤새 소리 없이 / 우시는 날에는요 다음 날 / 말 없는 닭백숙 한 그릇."

간밤에 아버지와 어머니에게 무슨 일이 있었을까? 아버지와 어머니는 밤새 다툰 게 분명하다. 아니 아버지가 일방적이었는지 모른다. 무슨 마음의 변화라도 있었던 걸까? 아버지는 다음 날 물을 끓이고 닭을 잡아 오래오래 닭을 곤다.

노랗게 닭국물이 우러날 때까지, 오래오래 불을 지핀다. 마음의 폭정暴政이 가라앉고 맑은 국물 눈물의 닭백숙이 될 때까지. 살과 뼈가 허물어지는 해산解産처럼 내 주장의 모든 것을 내려놓는 마음의 모든 용서.

부부란 무엇일까? 생판 모르는 남녀가 만나 평등을 외치며 같이 살려고 발버둥 치는 힘겨운 생존 게임인가? 부부는 거대한 산 같은 존재인지 모른다. 꽃나무처럼 꽃을 피워 열매를 맺기도 하지만, 비바람이 몰아치면 흙이 파이고 상처가 나서 어느 순간 허물어질 수도 있는 존재다. 그래서 전혀 모르는 남녀가 만나 함께 한집에서 수십 년을 산다는 것은 기적이다. 눈물겨운 기적이다.

아버지가 닭백숙 한 사발을 드리는 그 순간, 어머니에게 용서를 구하는 회심의 그 순간, 우주도 운행을 멈춘다. 한 사람의 마음이 한 사람의 마음을 움직이는 감동이 탄생한다.

평생 단 한 번도 시아버지는 경북 예천 시골집에 살면서 시어머니에게 사랑한다는 말을 해본 적이 없었다. 언제나

눈발 날리는 마당에서 닭백숙을 끓이는 시간,
그것은 어둠 속에서도 희미한 불빛을 구하는
기도의 시간인지 모르겠다.

빽빽 소리만 질렀다. 말년에 잠깐 서울에서 살던 적이 있었다. 당시 시어머니가 무릎 수술을 해서 입원 중이었다. 그런데도 다시 시골집으로 이사 가기로 자신이 이미 결정했으니 따르라고 통보를 했다. 시어머니는 통원 치료도 제대로 못하게 되었다고 우셨다. 시아버지는 돌아가시기 전에야 시어머니가 불쌍하다며 우셨다.

세상에 부부간은 왜 이런가? 언제나 깨달음은 늦게 오는 법이다. 그래서 용서를 구하는 일은 세상에서 가장 웅장한 드라마인지 모르겠다. 눈발 날리는 마당에서 닭백숙을 끓이는 시간, 그것은 어둠 속에서도 희미한 불빛을 구하는 기도의 시간인지 모르겠다.

> 카레라이스

이국에서

온

낭만 손님

노라조의 노래 〈카레〉는 신나기만 하다.

"노랗고 매콤하고 향기롭지는 않지만 타지마할 / 양파 넣고 감자 넣고 소고기는 넣지 않아 나마스테 // 아아 둘이 먹다 하나 죽어도 모르는 이 맛은 / 왼손으로 비비지 말고 오른손으로 돌려먹어라 롸잇 나우."

중국에 짜장면이 없듯 인도에 카레라이스는 없다. 영국이

약 200년간 인도를 식민지로 지배하면서 커리를 산업화시켰다. 그래서 '커리파우더'가 세계화되었다. '카레라이스'는 한국화된 커리의 변형이다.

향신료의 역사, 맛의 역사가 얼마나 세상의 역사를 바꾸어놓았는지. 15세기 소금밖에 없었던 유럽의 단순 건조 식생활에 놀라운 풍미를 만들어냈던 동양의 향신료들이 있었다. 후추와 고추와 커리다. 풍부하고 풍요로운 맛을 즐겼던 동양과 남미의 나라들은 맛의 풍미만큼 인생이 풍부했으리라. 유럽인들은 야만적인 식생활에서 혀의 갈증에 허덕이며 제국주의 침략에 더욱 박차를 가했을지도 모른다.

벌써 40년도 더 된 이야기다. 한 소년이 있었다. 당시 중학교 2학년이던 소년은 시골에서 서울의 연희중학교로 전학을 왔다. 담임이 반 아이들에게 소개를 하자 소년은 홍당무가 되었다. 서울은 번화하고 화려하기만 했다. 버스를 타면 항상 내려야 할 정류장을 놓쳤다. 거기가 거기 같았다. 보다 못한 담임이 소년과 가까이 사는 친구를 붙여주었다. 소년은 친구와 같이 버스를 타고 간신히 집을 찾아갈 수 있었다.

세상에서 가장 따뜻한 한 끼

　서울 아이들은 시골 아이들과 완전히 달랐다. 도시락을 싸가면 시골에서는 먹으라고 해도 먹지 않았다. 예의상 거절이었다. 그러다 자꾸 먹어보라고 하면 마지못해 먹었다. 그러나 서울 아이들은 달랐다. 먹어보라는 말도 하기 전에 번개같이 젓가락을 휘둘렀다. 소년의 도시락 반찬을 싹 다 먹어치웠다.

　이것이 서울이라는 곳에서 경험한 첫 충격이었다. 월세가 싼 곳을 찾아 1년마다 리어카로 이사를 다녀야 했다. 매캐한 연탄가스가 새어나오는 누런 장판 위에서 잠을 잤다. 소년은 항상 미세한 두통에 시달려야만 했다.

　그런 소년에게도 잊지 못할 일이 있었다. 서울 친구 집에 따라가서 먹은 음식이었다. 그 음식은 태어나서 단 한 번도 맡아본 적이 없는 독특한 향을 풍겨냈다. 친구 엄마가 가져온 노랗고 걸쭉한 것을 보며 소년은 시골에서 겨울 내내 먹던 늙은 호박국을 떠올렸다. 먹을 것이 없던 시골에서 호박국은 겨울이 끝날 때까지 계속 먹어야만 하는 지겨운 음식이었다. 그러나 지금 소년의 눈앞에 놓인 그 노랗고 걸쭉한 음식은 호박국의 달큼해서 지겨운 맛이 아니었다.

혀를 톡 쏘면서 아릿하고 고소하면서 매콤한 맛, 물설은 타지에서 설움이 눈 녹듯 사라지게 하는 맛. 그것은 소년에게 평생 잊지 못할 맛이었다. 문명의 맛, 이국의 맛, 그것은 카레였다.

서울은 새로운 세계로 소년에게 펼쳐지기 시작했다. 소년은 호롱불로 책을 읽고 장작불로 방을 데웠던 시골에서 기차를 타고 서울에 왔다. 카레는 처음으로 맛본 이국異國과의 경이로운 교감이었다. 카레는 소년의 섬세한 감성을 두드렸다. 내성적이라 친구 사귀기에 젬병이었던 소년은 서울 생활에 마음을 열기 시작했다. 이 이국적인 맛의 아우라에 빠져서.

카레라이스는 나도 좋아하는 음식이지만 남편에게 필생의 음식이 되었다. 그 촌스러운 소년이 서울에 마음 붙이고 살게 한 음식이었으니까.

치킨카레, 돈가스카레, 비프카레, 야채카레, 일본카레……. 세상에 수많은 카레가 변신을 거듭하며 세상으로 퍼져가는 동안에 소년도 시골에서 도시로 날아갔다. 그리고 전깃불이 들어오는 문명의 도시에서 어른이 되어갔다.

새롭고 두려운 것이 단박에 행복한 미감으로 바뀌는 순간, 마술이 시작된다. 황홀한 도취가 시작된다. 나마스테, 당신의 신께 경배합니다. 샨티, 샨티, 당신에게 평화를. 그렇게 해서 카레는 남녀노소 모두에게 평화의 신이 되었다. 카레를 먹어 행복해졌다. 우리가 살아가는 이 삶에 경배하게 되었으니 말이다.

빵

나를 구원하는 빛

　　　　　나는 미처 몰랐다. 해가 나이고 달이 나라는 것을. 그리고 그대가 나라는 것을. 무위당 장일순의 생명사상에 나오는 말이다.

　미시마 유키코 감독의 영화 〈해피 해피 브레드〉는 소년 마니와 달이 대화를 나누는 동화의 한 장면에서 시작한다. 어느 날 마르고 쇠약한 달이 말했다.

　"마니, 태양을 없애줘, 같이 있으니 너무 눈부셔."

"그건 안 돼."
"왜?"
"태양을 없애면 네가 사라져버리는 걸. 그러면 밤길 걷는 사람들이 길을 잃어버리잖아. 중요한 건 네가 빛을 받아서 너도 또 누군가를 비춘다는 거야."

늘 사람이 문제다. 사람이 틈이고, 사람이 계기다. 그 틈에서 새로운 일이 생겨나고 새로운 문제가 생겨나고 새로운 계기가 생겨난다. 나를 둘러싼 세계와 타인들. 잘 알고 지냈다고 생각했지만 어느 순간 낯설어지고 어느새 상처를 주고 사라지는 동료, 친구, 이웃을 생각한다.

우리는 많은 것을 혼자 할 수 있다. 하지만 위로만은 타인이 할 수 있다. 그들이 나에게 빛을 비춰주지 않는다면 나는 어둠 속에 묻혀 있는 달이었을지도 모른다. 그래서 나는 그들에게 내 마음을 표현하기로 마음먹었다. 너에게 고맙고 감사하다고.

영화 〈해피 해피 브레드〉는 극적인 서사가 있는 영화는 아니다. 사계절의 아름다운 풍광 속에서 고소한 빵을 굽고 나누어 먹으며 서로의 행복을 기원해주는 영화다. 젊은 리에와 미즈시마 부부는 홋카이도의 쓰키우라에서 카페 마니를 운영한다. 맛있는 빵, 커피, 단호박 수프로 손님들을 위로한다.

남자 친구에게서 바람맞은 가오리, 홋카이도에 평생 갇혀 지내며 자신의 진로를 바꾸고 싶은 도키오, 도망간 엄마가 해주었던 단호박 수프를 먹고 싶은 초등학생 스에히사, 죽음을 앞둔 아내와 함께 죽기 직전에 달을 보러온 사카모토 노부부.

이들은 리에와 미즈시마가 만들어준 빵과 커피를 먹고 마시며 제각각의 상처와 슬픔에 위안을 찾는다. 막 구운 캄파뉴, 구운 토마토와 바질을 얹은 토마토 빵, 쇼콜라, 호밀 빵, 밤빵, 치즈 빵. 어린 스에히사는 밤빵을 찢어서 단호박 수프에 찍어 먹으며 울면서 아빠와 껴안는다.

갓 구워낸 빵이 주는 행복감을 무엇으로 비유할 수 있을까? 공기 중에 퍼지는 고소하고 향긋한 빵 냄새, 손으로 만졌을 때 폭신하고 따뜻한 감촉, 입안에 넣었을 때 침과 함께 섞이며 혀를 자극하는 향긋한 쾌감과 달콤한 감각의 파닥거림. 빵이 주는 쾌감은 우리를 무아의 감정으로 이끈다. 마침내 아찔한 행복감으로 몸을 떨게 한다.

어쩌면 조급함 때문이었는지 모른다. 결국 남이 아닌가 하는. 결국 낯선 타인이 아닌가 하는. 그러나 혈연만이 가족이 아니다. 함께 빵을 떼어 나누어 먹는 사람들, '콩파뇽'. 그것은 바로 '동료'라는 뜻이다. 그것이 가족의 원형이다.

알프스 소녀 하이디가 클라라의 집에서 할머니와 할아버지에게 주기 위해 몰래 모아두었던 하얀 빵을 생각한다. 빵을 나누어 먹으면 모두 가족이라는 것을. 지구라는 행성의 공기와 물을 나누어 마시는 이웃이라는 것을. 내가 외면했던 타인이 어쩌면 나를 구원할 빛일지도 모른다는 것을. 우리는 서로에게 빛을 받아 다시 빛을 비춰주는 존재라는 것을. 그 빛을 받아 내가 어둠 속에서 빛나고 있다는 것을 생각한다.

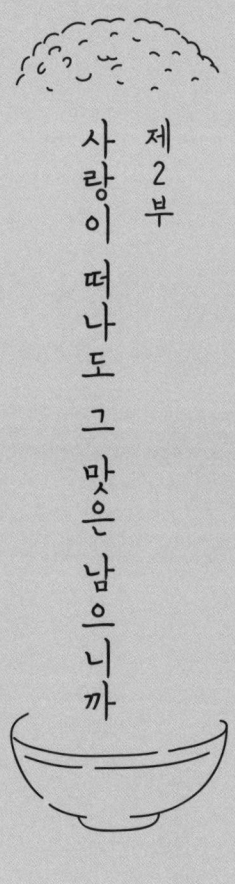

제2부
사랑이 떠나도 그 맛은 남으니까

| 조개탕 |

그린라이트를 켜줘!

한재림 감독의 영화 〈연애의 목적〉은 썸 타는 한 남녀에게서 시작한다. 그러나 주인공들은 그리 순수하지만은 않다. 껄렁껄렁한 고등학교 교사 유림은 교생으로 온 홍에게 작업을 건다. 그녀를 꼬셔서 같이 간 곳은 조개탕집. 넓은 양은 냄비에 조개탕이 끓는다. 조개가 탁탁 소리를 내며 입을 벌리고 있을 때, 교생 홍이 조갯살을 발라 먹는다.

유림은 엄숙하고 점잖은 학교 선생이라는 직업을 벗어나

아주 확실하게 썸을 타려고 작정을 한다. 조개를 먹는 홍을 유심하게 바라보며 어둑한 실내에서 담배를 피워대고 있다. 이미 테이블 위에는 소주 몇 병이 놓여 있다. 여자와 남자가 한 테이블에 마주 앉아 음식을 먹는다는 것은 단순한 생존의 의미를 넘어선다. 인류가 있은 이후 생겨난 번식의 대역사의 시작을 의미한다.

먹는 행위가 단순히 생존을 위한 것만은 아니라는 것을 알면서부터 인간의 문명은 시작되었다. 살기 위해 먹이를 섭취하는 야생과 달리 인간에게 '함께 밥을 먹는다'는 것은 굉장한 인간사의 시작이다. 그것은 상대를 알고 싶다는 것, 상대를 신뢰한다는 뜻이다. "밥 한 번 같이 먹을래요?" 이 복합적인 문화적 의미를 알아내기 위해 오늘도 남녀는 '심쿵' 한다.

'대체 저 남자가 왜 같이 밥을 먹자고 하지?' 이성의 마음을 확인할 길이 없다. 같이 밥을 먹으면서도 눈길을 주었다 안 주었다, 웃었다 안 웃었다 한다. '뭐지? 음, 이거 그린라이트?' 하는데 남자가 조개를 까서 여자의 접시 위에 올려준다.

사랑이 떠나도 그 맛은 남으니까

가을은 조개의 계절이다. 모시조개, 피조개, 새조개, 바지락……. 해감한 조개를 다시마 우린 물에 넣고 끓인다. 물이 끓으면 파, 마늘, 청양고추만 넣으면 끝이다. 굳이 소금을 넣어주지 않아도 된다. 오랫동안 바닷속에 살아온 조개는 저 깊은 바닷속 소금을 몸속에 갖고 있기 때문에.

입과 혀에 착착 감기는 조개탕 국물을 숟가락으로 떠먹는다. 입에 착 감겨들면서도 밀어내는, 밀어내면서도 감겨드는 맛, 감칠맛이다. 이것이 바로 밀당의 맛이다. 이것이 연애의 맛이다.

썸 타는 남녀에게 먹는 행위는 감정을 나누는 행위다. 음식을 먹듯 서로를 '간 보는' 행위다. 조개탕을 먹으며 썸 타는 남녀가 여기서도 탁, 저기서도 탁, 조개처럼 입을 벌릴 수만 있다면, 인간사의 로망이 시작될 수도 있겠다.

나도 썸 타는 누군가를 만나고만 싶다. 집으로 돌아갈 택시비보다 모텔비가 훨씬 더 쌀 것 같은 가을이다. 바람나고 싶은 가을이다.

> 팝콘

크리스마스에
첫눈이
내리면

박광현 감독의 영화 〈웰컴 투 동막골〉에는 흰 눈송이 같은 팝콘이 하늘에서 머리 위로 떨어지는 진풍경이 나온다. 때는 6·25전쟁이 한창인 1950년 늦가을. 이념도 전쟁도 모르고 살아가는 강원도 두메산골.

연합군 미군 한 명, 인민군 세 명, 국군 두 명이 동막골에서 우연히 조우한다. 남과 북은 서로에게 총부리를 겨누며 일촉즉발의 상황으로 대치한다. 이 지독한 이념의 충돌 속에서 실수로 떨어뜨린 수류탄이 마을 사람들이 겨울철 식

사랑이 떠나도 그 맛은 남으니까

량으로 모아놓은 옥수수 창고로 떨어진다. 옥수수가 하늘로 치솟으며 새하얀 눈처럼 팝콘이 내린다. 그러자 모든 것은 게임 오버!

지금까지 그들 사이의 증오나 분노, 이념과 전쟁 기억이 사라진다. 눈송이처럼 내리는 팝콘이 그들에게 세례라도 베풀었다는 듯이. 그들은 세상의 모든 현실 이념과 이데올로기에서 벗어나 순수한 인간으로 돌아간다.

팝콘은 원래 미국식 요리법으로 탄생한 음식이다. 영화관 앞에서 진한 버터향을 진동시키는 팝콘은 가볍고 유쾌한 간식거리다. 영화를 보다가 웃기라도 한다면, 실수로 몸이 흔들거리기라도 한다면, 커다란 팝콘 한 통이 다 쏟아질 것이다.

크리스마스에 첫눈이 내리면 연인들은 스마트폰으로 사랑의 인사를 쏘아댄다. 흰 눈이 주는 위안과 사랑을 나누고 싶어서일까? 눈이 내리면 세상의 모든 절망이, 분노가 가라앉는 것 같다. 눈은 세상의 어느 구석에도, 굴곡이 진 곳에도 공평하게 내리니까. 세상 모든 사람을 평화롭게 해주니까.

첫눈이 오는 날 덕수궁 돌담길 앞에서 만나자는 약속을 한 적이 있었다. 촌스러운 20대였다. 삶의 낭만을 구가하며 피가 뜨거웠던 시절. 그 남자애는 그날 그곳에 나타났을까? 스마트폰도 삐삐도 없던 시절에 연락은 어떻게 했을까?

　미팅에서 만난 그 남자애는 나처럼 어쩌다 대타로 미팅에 나온 '신삥'이었다. 집으로 가려는 학교 앞 버스 정류장에서 선배를 만났는데, 지금 미팅에 나갈 사람이 한 명 부족하다는 거였다. 종로2가 미르내 분식집. 그 남자애는 쫄면값을 나보고 내라고 했다. 이내 일어서더니 종로에서 혜화동까지 걷자고 했다. 하얀 벚꽃이 눈송이처럼 날리던 그 아름다운 봄밤, 함께 산책을 하듯 걸었다.

　알고 보니 그 남자애는 차비도 뭐도 없이 나에게 밥이나 얻어먹자며 장난기로 친구 따라 미팅에 나왔다는 것이다. 나중에 대학교 정문 앞에 와서 나를 기다리고 연희동 하숙집 앞 언덕에서 나를 기다리며 수많은 담배를 피워대면서 무슨 생각을 했을까? 그리고 정말 그 남자애는 첫눈이 오던 그해 겨울, 덕수궁 돌담길 앞에 나왔을까? 첫눈 오는 날에는

팝콘은
눈과 사랑의 환상이 숨겨져 있는
마법 같은 간식이다.

세상에 무수한 낭만적 말이 허공에 떠돌 것만 같다.

평, 하고 팝콘 기계에서 팝콘이 튀어오른다. 허공에 팝콘이 눈송이처럼 날아오른다. 영화관에서 팝콘을 먹으며 흰 눈을 상상할 수 있다는 것은 행복한 일이다. 첫눈 올 때 만나자 했던 촌스럽던 옛 남자애를 떠올리는 것도 행복할 것 같다. 팝콘은 눈과 사랑의 환상이 숨겨져 있는 마법 같은 간식이다.

| 막걸리 |

아이보리
매직

앙꼬 없는 찐빵, 엄마 없는 고향집, 지니 없는 요술램프. 이런 것은 상상할 수도 없다. 맞다. 상상할 수 없다. 그러니 막걸리 없는 파전을 상상할 수 없다.

그녀는 체크무늬 남방에 겨자색 니트 조끼를 자주 입고 다녔다. 무릎 터진 청바지에 부츠는 기본이다. 뭔가 터프해 보이는 그녀를 그가 데리고 간 곳은 막걸릿집. 격자무늬 유리창 너머에는 떡갈나무 잎이 노랗게 변해가고 있다.

맞다. 가을이 깊어진 것이다. 그도 그녀와 깊어지기를 원했다. 양은 술잔에 막걸리를 콸콸 부은 후 건배. 그녀는 꼭 한 잔을 마신 후에 부드러운 손등으로 입술을 닦는다. 오, 아이보리 매직!

그러자 야한 상상이 그의 뇌리를 스친다. 그는 그녀의 입술에 마구 키스하고 싶은 충동이 인다. 홍조를 띤 그녀의 뺨과 촉촉해지는 눈망울. 그녀는 아름답기만 하다. '그녀가 나를 사랑하는 게 분명해!' 그는 마음속으로 외친다. '오, 막걸리나!'

윤종신의 2010년 앨범《행보》에 수록된 노래 〈막걸리나〉는 버스커버스커에 의해 새로운 곡으로 변신한다. 2011년 '슈퍼스타K3'에서 보여준 버스커버스커의 〈막걸리나〉는 훨씬 리듬을 타고 있다. 훨씬 신나고 흥이 나는 방식이다.

"건배 한 잔을 부딪힐 때 오갔었던 그 눈빛은 / 내 착각은 아니겠죠 막걸리나 / 그녀가 나를 사랑해 (막걸리나) / 이렇게 아름다운 그녀가 날 사랑하네 (ivory magic) / 오 막

막걸리는

와인처럼 멜랑콜리하지 않아서 좋다.

내숭이 없어서 좋다.

사랑이 담백해져서 좋다.

걸리나 (막걸리나)."

막걸리는 한국 전통술이다. 농경사회에서 고된 노동 후에 마시는 술이다. 1970~1980년대 산업화 시대에는 공장 일을 마치고 막걸리를 마셨다. 현대그룹에서는 사원 단합을 위해 큰 독에 막걸리를 받아 부어라 마셔라 했다고 한다. 1980년대 대학생들은 데모가 끝난 후 파리똥이 잔뜩 붙은 전등갓 아래 양은 테이블에 모여 막걸리를 마셨다. 안주는 김치 한 접시뿐이었다.

이제 세기가 바뀌어 막걸리도 트렌드화했다. 한류의 인기로 막걸리를 찾는 외국인도 많아졌다. 버스커버스커는 노래를 부르다 묻는다.
"hey 브래드 / do you like 막걸리?"
그러자 브래드가 대답한다.
"Oh 막걸리 좋아요."

여러 종류의, 여러 색깔의 막걸리가 만들어졌다. 하지만 아무리 글로벌해졌다 해도 막걸리는 역시 하얀색이 원조다.

사랑이 떠나도 그 맛은 남으니까

하얀 막걸리가 제맛이다. 막걸리는 와인처럼 멜랑콜리하지 않아서 좋다. 내숭이 없어서 좋다. 사랑이 담백해져서 좋다.

꼭 한 잔을 마신 후에 부드러운 손등으로 입술을 훔치는 그녀. 사소한 몸짓, 몸의 선 하나하나가 생생해질 때 이 세상에 그녀는 유일한 한 사람이다. 사랑이 위험한 것은 그녀가 유일하다는 사실 때문이다. 세상에 단 한 명밖에 없다는 사실 때문이다.

막걸리를 마시고 입술을 닦을 때 그는 비로소 그녀와의 사랑이 필연적이라는 것을 깨닫는다. 그녀가 없는 가을은 상상할 수 없다. 모내기를 하고 나서 새참으로 마시던 술, 서민의 애환을 달래주던 술. 이제 막걸리는 아이보리 매직 입술이 되었다. 그리하여, 그들은 두 사람이 할 수 있는 가장 아름다운 일, 키스를 하기 시작했다.

| 커피 |

달콤하고 쓸쓸한 연애

여기 한 연인이 있다. 대학을 졸업하고 한참이 지나서다. 박물관 학예사로 일하는 남자는 지하철에서 막 내린 여자의 뒷모습을 따라갔다. 뜻밖의 만남이었다. 그녀는 대학 때 그의 첫사랑이었다. 그들은 다시 만났고 섹스를 했고 차를 마셨다. 양수리로 향하는 1차선 도로 옆 카페에서 남한강과 북한강이 몸을 합쳐 흐르는 출렁거림을 보면서.

강물은 햇빛에 몸이 닿는 순간 재빨리 색을 바꾸어 흐른

사랑이 떠나도 그 맛은 남으니까

다. 그들은 나무 테이블 위에 턱을 괴고 앉아 함께 커피를 마신다. 강물이 서로 만나듯 죽음과 삶도 돌고 돌아 만난다는 이야기를 주고받으면서. 가을 늦은 오후 고즈넉한 재즈 음악이 흐르는 카페에서.

그녀는 유부녀였다. 연인들이 그러하듯 그들은 사소한 일로 심하게 다툰다. 고분 발굴을 위해 경주로 간 남자는 두 달 동안 만나지 못했던 그녀를 다시 만나야겠다고 생각한다. 그녀에게 줄 선물로 향나무 빗을 사며 살짝 행복한 미소도 지어본다. 하지만 이미 그녀는 한 달 전 빗길에 교통사고를 당해 죽고 없다.

김용희의 소설 「향나무 베개를 베고 자는 잠」의 이야기다. 남한강과 북한강이 만나 요동치는 양수리, 두 남녀가 강물을 보면서 커피를 마신 시간에는 죽음과 삶이 맞닿아 있다. 사랑의 달콤함과 안타까움이 녹아 있다.

결혼한 여자와 결혼하지 않은 남자가 만나 사랑을 나누고 커피를 함께 마실 때 만남도 이별도 문득 강물이 흘러가

듯 모든 것이 허위 같기만 하다. 삶이 다 허위 같을 때 사랑은 더 격렬하고 커피는 더 쓰기만 하다.

커피는 물질적인 것이자 정신적인 것이다. 연인과 함께했던 기억이 담겨 있다. 사랑의 낭만적 그림자를 호출하는 일이 가능한 것은 커피가 지니고 있는 향 때문이다. 커피는 맛보다 먼저 향으로 사람들을 유혹한다.

향이야말로 존재의 부재이자 현존이다. 없는 것 같지만 어딘가 가까이 그것이 있다는 것을 알리는 에피파니epiphany. 그렇게 해서 없는 듯 있고 있는 듯 없는 향으로 커피는 그 낭만적 홀림을 던져준다.

사람들은 내가 커피를 못 마신다고 하면 도저히 이해할 수 없다는 표정을 짓는다. 대학 때 나를 도회적인 여자로 여겼던 남자애들은 더더욱 그렇게 생각했다. 내가 대학 다닐 때 커피는 문명의 상징이요 도시적 세련의 상징, 고독의 상징이었다. 연애는 커피로 시작하고 커피로 끝났으니까.

사랑이 떠나도 그 맛은 남으니까

체질적으로 위가 좋지 않아 병원을 제집 드나들듯 다녔던 나는 의사에게 커피나 밀가루 음식을 절대 먹어서는 안 된다는 극약 처방을 받았다. 커피가 홀리는 그 낭만적 향에 매혹되면서도 커피를 마실 수 없는 처지라니…….

그리스신화의 오디세우스 이야기가 생각난다. 오디세우스는 바다의 요정 사이렌의 노랫소리에 홀려 미쳐버릴 것 같았다. 하지만 오디세우스는 사이렌이 있는 곳으로 배를 돌리면 배가 난파된다는 사실을 알고 있기에 그렇게 할 수 없었다.

얼굴을 일그러뜨리며 그 아름다운 사이렌의 노래를 들어야 했던 오디세우스처럼 나도 커피향에 매혹당해왔지만, 정작 그 맛은 보지 못하고 살아왔다. 커피에 숨어 있는 수천 가지의 맛, 여러 종류의 과일 맛, 쓴 듯 신 듯한 독특한 맛, 떫고 고소한 맛, 탄 듯하면서도 휘발되는 가벼운 맛을. 나는 세상에서 가장 중요한 맛을 맛볼 수 없는 세상의 미아가 된 기분이다.

커피향이 다가온다. 고소한 커피를 마시면 연애의 기억도 식도를 타고 내려오겠지. 하지만 커피를 마실 수 없는 나는 소설 속에서 내 첫사랑의 남자가 결혼도 하지 않은 채 나를 기다리고 나와 카페에서 강물을 보며 커피를 마시는 것을 상상한다. 커피를 마실 수 없기에 소설적 상상만으로 커피는 내 식도를 타고 위장으로 내려가 나를 향긋하고 달콤하게 달굴 것만 같다.

│양푼비빔밥│

실연의 상처를
달래는
몇 가지 방법

드라마 〈내 이름은 김삼순〉에서 남자 친구에게 차인 김삼순은 결혼정보회사를 찾아간다. 보란 듯이 결혼해서 옛 남자 친구 현우의 코를 납작하게 해줄 생각이다. 그런데 대뜸 결혼정보회사 간부는 김삼순의 아래위를 훑어본다. 그리고 나서 영화 〈파니 핑크〉에 나오는 대사를 인용하며 여자 나이 서른이 넘으면 남자 만나기 어렵다고 말한다. 그러자 김삼순이 화가 나서 소리친다.

"이 영화를 지금 리메이크하면 아마 서른을 마흔으로 고쳤을 걸요? 요즘 서른이 옛날 스물이나 마찬가지란 걸 알아야지 이 양반아!"
"그건 여자들 생각이고. 우리 남자들 생각은 쌍팔년도에서 한 치도 달라진 게 없다는 걸 아셔야지. 여자는 무조건 이쁘고 어려야 돼!"

그러면 서른도 넘고 몸매까지 뚱뚱하면 아가씨여도 아이 몇 낳은 아줌마라 불릴 게 뻔하다. 〈내 이름은 김삼순〉은 촌스러운 이름에다 뚱뚱한 외모를 지닌 30대 노처녀의 당당한 고군분투를 경쾌하게 보여주는 드라마다.

전문 파티셰 김삼순에게 늘 달콤한 냄새가 난다. 하지만 그녀의 삶은 달달하지만은 않다. 3년 동안 사랑했던 남자는 크리스마스이브에 다른 여자와 호텔에 들어갔다. 실연에 이어 실직도 당했다. 어릴 때부터 그녀의 꽃밭이었던 오래된 한옥집에서 내쫓길 위기에 처했다. 서점에 놓여 있는 수많은 책이 그녀에게 외친다. '괜찮아, 당신은 괜찮아', '괜히 열심히 살 뻔했어', '까칠하게 살기로 결정했어'.

사랑이 떠나도 그 맛은 남으니까

괜찮기는 뭐가 괜찮다는 말인가. 뭘 대충 살아도 된다는 말인가. '나는 충분하다.' '나는 괜찮아.' 자기 위로와 자기 최면에 빠지면 다인가. 학벌에 다이어트에 자격증에 스펙을 쌓고 쌓아도 사람들은 나이 들고 뚱뚱한 여자에게 결코 우호적이지 않다. 특히 남자들은.

세상에는 두 종류의 여자가 있다. 예쁜 여자와 안 예쁜 여자. 날씬한 여자와 뚱뚱한 여자. 어느 날 소개팅을 하라며 남학생에게 과 친구가 말한다.
"예뻐?"
"아니, 성격이 무지 좋다니까."
"아, 안 예쁘다는 뜻이구나."
"아니, 통통하고 귀여워."
"아, 뚱뚱하다는 말이구나."

물론 꼭 예쁜 여자들만 애인이 있는 것은 아니다. 꼭 전지현이나 송혜교를 원하는 것은 아니다. 연예인 미모를 바라기에는 자기도 체면이 있다. 아저씨급 뱃살에다 부실한 하체가 붙어 있는 몸이다. 그래도 남자들이 원하는 타입은 뻔하다. 결국 '보호 본능+수수함+청순미'를 갖춘 '예쁜' 여성. 이런 삼단 콤보를 원하는 것이다. 여기에 상큼하고 밝은 캔디 같은 성격을 지니면 금상첨화다.

김삼순이라고 왜 다이어트를 하지 않았겠는가? 그러나 김삼순은 실연에 실직에 또 짝사랑에 가슴앓이를 하면서 야밤에 일어나 양푼비빔밥을 쓱쓱 비빈다. 비빔밥을 한입 가득 씹으며 소주를 마신다. "인생 뭐 별 거 있어? 오늘까지 잘 먹고 내일부터 잘 살면 되지."

냉장고에 있는 모든 나물을 양푼에 넣고 비벼 먹는 양푼비빔밥. 실연당한 여자들이 꼭 먹는다는 그 양푼비빔밥. 그것은 자기 삶의 모든 맛을 받아들이겠다는 어떤 의지다. 내면의 힘으로 다시 일어서 보겠다는 안간힘이다. 이 모든 문제를 딛고 일어날 수 있게 하는 것은 바로 '자기 자신'이라는 것을 그녀는 안다.

그런 나는 누군가를 잊어야 했을 때 소주나 마시며 몇 날 며칠을 방구석에 처박혀 있었다. 냉장고를 열 힘도 없었다.

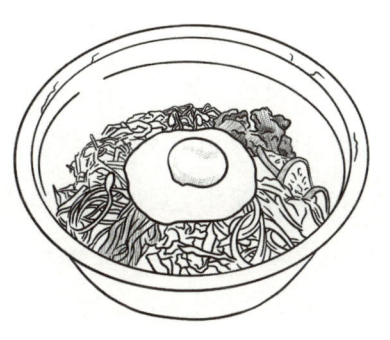

양푼비빔밥은
누군가를 잊어야만 한다는
처절한 몸부림 속에서도
나를 보듬고 사랑해야 한다는 것을
가르쳐주는 자기 위안의 음식이다.

급기야 아무것도 먹지도 못했다. 내내 누워서 눈물만 흘렸다. 사람들이 말하는 '가슴이 아프다'는 말이 맞았다. 실제 '물리적으로' 심장 아래께가 아파왔다. 뻐근해서 숨도 제대로 쉴 수가 없었다.

실연을 당했을 때는 '비빔밥!'이라고 가르쳐준 그 누군가가 있었다면 조금은 나는 나를 덜 괴롭혔을까? 그러니까 양푼비빔밥은 누군가를 잊어야만 한다는 처절한 몸부림 속에서도 나를 보듬고 사랑해야 한다는 것을 가르쳐주는 자기 위안의 음식이다. 온갖 나물의 힘으로 매콤하고 고소한 고추장과 참기름의 힘으로 밥의 힘으로 일어서라는 단단한 의지가 담겨 있다.

| 떡볶이 |

순수하고
뜨거운
눈물

건널목 신호등은 이미 녹색불이 깜박이고 있었다. 남자와 여자는 함께 뛰기 시작한다. 뒤도 옆도 돌아보지 않고 앞으로. 그러나 남자가 더 빠르고 여자는 조금 뒤처진다. 남자가 가쁜 숨을 헐떡거릴 때쯤 비로소 여자가 숨을 헐떡거리기 시작한다. 남자는 고른 숨을 내쉬고 있는데, 여자는 그제야 숨이 차오르기 시작한다. 그들이 건널목에서 두 손을 꼭 잡고 함께 뛰었다면, 같은 보폭으로 같은 방향으로 뛰어갔다면, 그들은 서로를 보며 웃었을까?

하지만 감정이란 제 마음대로 움직이는 짐승 같은 법이다. 어디로 어떻게 나아갈지 자기 자신조차도 모를 일이다. 마구 내질러 달려가는 것이다. 더욱이 그것이 첫사랑일수록.

기억하나요? 당신의 첫사랑? 이석근 감독의 영화 〈너의 결혼식〉은 첫사랑을 떠올리게 하는 영화다. 첫사랑에 대한 남성 판타지물이다. 〈건축학 개론〉, 〈번지점프를 하다〉 등 첫사랑의 서사가 남성 화자를 중심으로 이루어지는 것은 여성보다 남성에게 첫사랑이 더 큰 사건이기 때문일까?

어쩌면 남성에게 첫사랑은 충격적이고 결정적인 사건일 수 있다. 상대보다 훨씬 더 빨리 뛰었고 그래서 서툴렀던, 훨씬 조급했고 그래서 타이밍을 놓친.

영화 〈너의 결혼식〉은 강릉의 어느 고등학교에서 시작한다. 학교 짱인 우연은 전학생 승희를 보고 첫눈에 반한다. 승희를 졸졸 따라다닌 끝에 막 첫사랑을 꽃피우려 한다. 그때 각박한 가정사로 인해 승희는 갑작스레 떠나고 만다.

떡볶이 하나에 청춘의 설렘이,

떡볶이 하나에 첫사랑의 아련함이,

떡볶이 하나에 뜨거운 눈물이 서려 있다.

1년 뒤, 우연은 오직 승희를 만나야겠다는 일념으로 갖은 노력 끝에 승희가 다니는 대학에 입학한다. 그러나 우연은 그 넓은 캠퍼스에서 승희를 찾을 길이 없다. 그래서 생각해낸 곳은 대학교 근처 떡볶이집. 고등학교 때 승희가 떡볶이를 좋아했다는 것을 떠올린 것이다.

    매콤하고 달짝지근하면서 짭조름한 떡볶이. 대한민국에서 태어나 청소년기를 보냈다면 어찌 떡볶이를 잊을 수 있을까? 청소년기의 질풍노도를 함께해온 떡볶이. 고등학교 때 담장을 몰래 넘어가 사먹던 떡볶이. 중간고사가 끝나고 입시가 끝나고 호호 불어가며 먹던 떡볶이.

    언제나 학교 앞에는 떡볶이집이 있었다. 강렬한 삶의 상징처럼 청소년기를 불태워주고 있었다. 빨간 양념 국물에 떡을 찍어 먹고, 튀김만두를 찍어 먹고, 순대를 비벼 먹고……. 떡볶이는 청춘의 혼란스러움을 빨간 눈물로 감싸주던 매혹이었다.

    결국 우연은 승희를 찾아내지만 승희에게는 이미 남자

사랑이 떠나도 그 맛은 남으니까

친구가 있다. 승희가 남자 친구와 헤어질 때쯤 우연에게 다가가지만, 우연에게는 여자 친구가 있다. 그리고 그들이 재회할 때쯤 다시 별별 시시한 것으로 싸우다 헤어진다.

첫사랑은 나의 신분과 존재를 잊게 하는 것이다. 무언가 내 심장 아래께에 와서 쿵 하고 짐을 부어놓고 가는 덤프트럭 같은 것이다. 그것은 죽음 같기도 하고 삶 같기도 하고. 아니 울먹이고 싶기도 하고 소리나게 웃고 싶기도 한 느낌. 설명할 수 없는 불이 가슴에서 이글거리다 가슴이 파괴되듯 붕괴되는 느낌.

그럴 때 세상은 남자에게 충고한다. '원래 첫사랑은 다 실패하는 거야.' 첫사랑이니까. 첫사랑은 떡볶이처럼 뜨겁고 맵고 달고 고소하니까. 떡볶이 하나에 청춘의 설렘이, 떡볶이 하나에 첫사랑의 아련함이, 떡볶이 하나에 뜨거운 눈물이 서려 있다. 첫사랑이 떠오르면 가슴 뜨거운 떡볶이 한 접시를 먹음직도 하다.

| 스테이크 |

사랑의 환각을
완성시키는
맛

　　　　　김애란의 소설 「성탄 특선」은 크리스마스를 맞은 가난한 연인이 어떤 하룻밤을 보내게 되는지를 꼼꼼히 보여준다. 남자는 없는 돈을 겨우 모아 그녀와 함께 패밀리 레스토랑에 갔다. 메뉴판에 있는 처음 보는 음식을 시켜야 했다. 샐러드 소스는 어떤 것으로, 스테이크는 어느 정도 굽기로, 남자는 테이블 아래 무릎을 꿇고 앉은 종업원에게 촌스러워 보이지 않기 위해 애를 쓴다. 이제 소위 '칼질'하는 스테이크를 먹게 된 것이다.

사랑이 떠나도 그 맛은 남으니까

　닭고기에 들어간 향신료가 비위에 거슬렸지만, 남자는 "차라리 부대찌개를 먹을 걸 그랬어"라는 말을 애써 삼킨다. 패밀리 레스토랑을 나오며 남자는 밥값이 무려 7만 원이 넘는다는 것을 보고 놀란다.

　연인들은 크리스마스를 외롭게 보내지 않기 위해 맹렬히 연애로 달려가는 것 같다. 둘은 우선 영화를 볼 것이다. 크리스마스를 겨냥한 로맨틱 코미디가 적당하겠지. 영화가 끝나면 예약해둔 분위기 있는 레스토랑에 갈 것이다. 식전 빵에 수프, 발사믹 비네거가 들어간 다양한 색깔의 샐러드와 미디엄 웰던으로 잘 익힌 스테이크. 후식으로 나온 아메리카노를 즐길 때쯤 남자는 2차를 생각해야 한다.

　바로 모텔로 가기에는 뭔가 속이 보이는 듯하기 때문이다. 일단은 전망 좋은 와인바에 가서 칵테일이나 올해의 와인을 마실 수도 있을 것이다. 그다음 크리스마스면 동이 난다기에 앱으로 예약해둔 가성비 좋은 모텔을 갈 것이다.

　크리스마스에 레스토랑에 가는 것은 연인들에게 무슨 필

수 관문이 된 것 같다. 화려한 도시의 분위기 있는 레스토랑에서 스테이크를 먹는다. 달콤한 음악이 흐르며 사랑 또한 더욱더 깊어진다.

그에게 이 소비도시의 연애 프로세스는 가혹하기만 하다. 크리스마스에는 사랑의 환각이 필요해서일까? 음악이 흐르는 레스토랑에서 커플 반지와 커플 티를 준비하고 밸런타인데이와 화이트데이 선물을 준비하고. 어떤 경우에는 깜짝 이벤트를 위해 누군가의 도움을 받아야 할지도 모른다. 이 자본주의 세계는 청춘들의 연애마저도 태클을 걸어온다. 청춘들에게는 취업이나 결혼이나 모든 것이 어렵지만, 연애도 쉽지만은 않다.

그렇게 해서 연인은 헤어지게 되었다. 그 남자는 다음 해 크리스마스에 그녀에게 스테이크를 사줄 돈이 준비되지 않았다. 월세가 오르자 기다렸다는 듯이 아버지가 퇴직을 했다. 그들은 크리스마스를 각자 보내야 했다. 그녀는 그가 마음이 변했다고 생각했다. 오해는 오해를 낳았다. 그래서 스테이크는 옛 애인의 음식이 되었다.

화려한 도시의 분위기 있는

레스토랑에서 스테이크를 먹는다.

달콤한 음악이 흐르며 사랑 또한 더욱더 깊어진다.

연애할 때 내게 스테이크를 사준 남자는 없었다. 내가 사귄 남자들은 한결같이 가난하고 자존심만 셌다. 닭똥집, 닭발, 돼지 껍질 같이 동물의 적나라한 신체 부위가 드러나는 음식만 아니면 된다고 해서 그는 내게 삼겹살을 사주었다. 그것이 가난한 그가 내게 사줄 수 있는 최고의 음식이었다.

그러나 예전의 애인들은 어떤 연유로 나와 연락을 끊은 걸까? 설마 스테이크를 사줄 돈이 없어서였을까? 옛 애인들을 떠올리면, 그 숫자만큼의 오해가 있었던 게 아닐까 생각한다. 사람과 사람 사이에는 이해보다 오해가 훨씬 더 많으니까.

크리스마스에 연인과 함께 전망 좋은 레스토랑에서 스테이크를 먹을 일이 이번 생에는 없을 것이다. 하지만 옛 애인을 떠올리며 스테이크를 먹던 분위기 좋은 밤을 기억하는 연인이 있다면, 그들은 나름 이번 생에서 추억 하나는 건졌다. 하지만 조그만 만화방에서 아이스크림을 먹으며 함께 낄낄댈 남자 친구가 있다면, 그것으로도 나는 즐거울 것만 같다.

김
치
찌
개

당신과
결혼한
진짜 이유

여기 한 부부가 있다. 남편이 조심스럽게 아내에게 묻는다.

"여보는 언제 결혼할 생각이 들었어?"

"응……?"

아내는 순간 웨딩 촬영 당시 신부 대기실에서 메이크업 하는 언니가 똑같은 질문을 했던 것이 생각났다.

"음, 저는……."

신부는 과거를 회상한다.

은야쟁이와 징징돌이의 웹툰 〈158동 진상 부부: 참치김치찌개〉(21화) 내용이다. 어쩌다 출근했던 주말의 퇴근길, 징징돌이는 은야쟁이에게 전화를 해서 맛있는 음식을 해주겠다며 집으로 초대한다. 싱크대 앞에서 뭔가 북적거리며 음식을 만드는 징징돌이의 뒷모습을 보며 은야쟁이는 문득 측은함을 느낀다.

　드디어 완성이다.
　"짜잔, 오늘 저녁은 참, 치, 김, 치, 찌, 개!"
　징징돌이는 자신이 만든 참치김치찌개를 먹으며 "오~ 참치캔의 참치가 김치와 함께 파도를 타고 있군" 하고 감탄하며 밥에 쓱쓱 비벼 먹는다. 은야쟁이도 기대감에 한술 떠 입에 넣는 순간, 기절할 것 같다.
　'어우, 태어나서 이렇게 비리고 맛없는 참치김치찌개는 처음이야.'
　이때 징징돌이가 빙긋 웃으며 그녀에게 묻는다.
　"어때, 나 소질 있지?"
　그녀는 어쩐지 짠하다.

사랑이 떠나도 그 맛은 남으니까

은야쟁이는 징징돌이가 참치김치찌개를 만드는 그 모습을 보며 결혼을 결심한다. 한국인이 가장 쉽고 흔하게 먹는 참치김치찌개가 결혼의 이유였다니……. 세상에서 가장 아름다운 모습은 연인을 위해 음식을 준비하는 모습일 것이다.

연인과 함께 먹는 김치찌개는 아무리 맛없어도 맛있게 느껴진다. 어쩌면 그런 상호 신뢰, 인정을 바라는 갈망, 따뜻한 친밀감이 결혼이란 미친 짓을 하게 된 사소한 계기인지 모른다.

"여보는 언제 나와 결혼할 생각이 들었어?" 남편이 싱긋 웃으며 이런 질문을 내게 물어온다면 머리가 멍해질 것 같다. "역광 속에서 사무실에서 일하는 모습을 보았는데, 글쎄 그때 사랑이라는 얼빠진 이상한 착란에 빠져갖고는, 에그 내 눈이 삐어도 한참……"이라고 말해줄 수는 없을 것 같다. "기억도 안 나지만, 음, 4층 옥상에서 떨어지는 기분으로 그냥 한 거야"라고도 말해줄 수 없다. 그러니 그냥 웃을 수밖에.

모든 것이 개인화된 현대사회에서도 '사랑'과 '결혼'이란 게 가능할까? 현실은 피곤하고 미래는 불투명하기만 한데……. 연인의 사랑은 오직 스크린에서나 가능한 듯하다. 짝짓기 방송 프로그램이나 로맨틱 영화에서나 가능하다. 그것도 현실적이지 않은 판타지 방식으로.

본질적으로 사랑은 생존 법칙에서 어긋난다. 생존 법칙은 자기애를 전제로 한다. 사랑은 이타성을 전제로 한다. 그러니 사랑은 생존 법칙에서 한참은 벗어난 행위다. 타자에게 자신의 운명을 맡긴다? 에이, 웃기시네. 사랑? 사랑이라니? 아직도 사랑해서 결혼한다는 둥 하는 신파가 가능하다고 생각해? 박물관에서나 찾으라고 해! 사랑하니 결혼하고 싶다고? 대체 이 무슨 기묘한 열정이람. 무슨 배짱으로 요즘 같은 시대에 결혼이란 것을 하겠다는 건지.

그런데도 현대사회에서 '사랑'이니 '결혼'이니 하는 고전적 명제가 여전히 유효한가 보다. 신기하다. 변덕스럽고 불안정하고 성급하고 주관적이기까지 한 사랑, 설명할 수 없는 감정, 이상하고 기묘한 사랑이란 감정에 눈꺼풀이 뒤집혀 나도 결혼이란 것을 하고 말았다. 그리고 새댁이 되어 내가 처음으로 한 요리도 김치찌개였다.

　인생에서 결정적인 선택은 의외로 사소한 계기에서 만들어진다. 신혼 때 할 줄 아는 음식이라고는 라면밖에 없었다. 새댁이 되어 매일 음식을 차린다는 게 곤혹스럽기 짝이 없는 짓이었다. 그때 생각해낸 것이 김치찌개였다.

　대학 엠티나 등산대회에서 버너에 끓여먹던 음식. 외국 여행 가서 가장 생각나는 칼칼한 음식, 김치찌개. 묵은 김치를 참치와 함께 달달 볶다가 쌀뜨물을 부어주면 끝이다. 국물 간은 김칫국물이 잡아주면 되는 간편한 음식이다. 내가 끓인 김치찌개를 남편이 첫술을 뜨고 한 첫 마디.
　"여보야, 자기는 우리가 엠티 온 거라고 생각해?"

　그 순간 나는 지나가던 트럭에 꽝 치인 듯했다. '뭐야, 내가 만든 김치찌개에 불만 있는 거야?' 이 무뚝뚝한 경상도 남자와 왜 결혼을 했는지 무엇에 감동하고 무엇에 반했는지 기억상실증에 걸리고 말았다. 내 기억은 오랫동안 돌아오지 않았다.

그러다 나중에야 알게 되었다. 그때 남편의 그 목소리는 비난이 아니라 장난기로 가득한 소년의 목소리였다는 것을. 비난조로 들은 것은 나의 자격지심 때문이었다는 것을. 그러니까 남편과 왜 결혼하게 되었는지 이유도 알 것 같았다.

무뚝뚝하다가도 그 썰렁하게 내뱉는 뜬금없는 아재 개그, 허당 가득한 장난기. 그것이 시작이었구나. 바람 한 점 없는 오후에 문득 불어오는 바람에 팔랑거리는 나뭇잎처럼 툭툭 내뱉는 장난기. 그러니까 사소한 것은 결정적인 것이다.

> 꼬막무침

이보다
야할 수는
없다

처음이자 마지막으로 그와 격정적인 하룻밤을 보냈다. 이 밤이 지나면 그는 떠나야 한다. 여기에 머물 수가 없는 사람이다. 그렇다면 당신은 어떤 음식으로 아침밥을 차려줄 것인가? 그는 위험한 인물이다. 위험한 사상가다. 아니 그녀가 어릴 때부터 흠모해왔지만, 넘봐서는 안 될 높은 집안의 도련님이다. 그녀는 위험한 사랑에 빠졌다. 그 사랑은 어두운 바람처럼 가슴을 쓸고 지나가면서 한없는 경이로움으로 마음을 설레게 한다.

조정래의 소설 『태백산맥』에 나오는 이야기다. 무당 딸 소화는 양조장집 도련님 정하섭을 어릴 때부터 좋아한다. 그런 정하섭은 남로당 비밀 당원일 때 소화에게 잠시 몸을 의탁한다. 하지만 군경에 발각이라도 되는 날에는 총살이다.

　소화의 신당神堂에서 알 수 없는 열기에 휩싸여 서로가 서로를 품게 된 그다음 날, 소화는 부엌으로 달려간다. 아궁이에 불을 넣고 밥을 짓는다. 소화는 솥 앞에서 두 손을 맞비비며 종종거린다. 색다른 반찬이 없다. 간고등어나 소고기 반찬도 없다. 잡을 닭도 없다.

　"무시로 드나들던 그 수선스런 꼬막장수 여편네가 이런 때 나타나면 좀 좋으랴."

　꼬막무침. 벌교 여자치고 꼬막무침 못하는 여자는 없다. 꼬막은 벌교의 특산물이니까. 소화는 어렸을 때부터 꼬막을 좋아했다. 꼬막무침에 남다른 맛을 낼 수도 있었다. 그런데 하필 지금 당장 꼬막이 없으니 난감할 뿐이다.

사랑이 떠나도 그 맛은 남으니까

사랑에 빠지자마자 사랑이 슬퍼지는 것은 사랑의 필연적인 운명 때문이다. 사랑에 빠지게 되면 상대의 모든 것을 소유하고 싶어지니까. 영원히, 상대의 모든 것을. 그러나 상대의 모든 것을 갖고 싶은 욕망은 절대로 채워질 수 없다. 불가능한 이상일 뿐이다. 그래서 사랑은 본질적으로 슬프다.

서울 인사동에 '여자만'이라는 술집이 있다. 벌교 꼬막무침을 맛볼 수 있는 인사동에서 유일한 술집이다. 간간하고 쫄깃쫄깃하고 알큰하면서도 배릿한 그 맛. 꼬막은 그 맛이나 모양이 여자의 성기를 닮았다면서 남편은 종종 깔깔댄다. '음탕하기는……'

나는 속으로 혀를 찼다. 그러나 생각해보면 사랑을 환각으로 보든 음탕으로 보든 그것은 같은 것을 다른 각도에서 본 것에 불과할 뿐이다. 본질적으로 환각과 음탕은 동의어인지도 모를 일이다.

꼬막무침을 막걸리와 함께 먹으면서 울먹거리던 어느 남자 선생이 있었다. 그 전날 우리를 포함해서 문인들은 어느 술집에 들르게 되었다. 술집에 들어가고 나서야 그곳이 술집 마담이 서빙하는 곳이란 걸 알게 되었다. 다시 나갈 수도 없고……. 우리는 긴 소파에 제각각 자리를 잡고 앉아 술을 퍼마셨다. 그런데 다음 날 함께 있었던 남자 선생이 만나자고 전화가 왔다.

이야기인즉, 어젯밤 남자 선생이 그 술집에 들어서서 마담을 보자마자 눈물이 왈칵 쏟아질 뻔했다는 것이다. 내가 막걸리를 들이켠 후 꼬막무침을 씹으며 물었다.
"왜?"
"있잖아. 그 마담을 보자마자 우리가 헤어지게 될 거 같아서 말이야."
어이가 없었다. 씹고 있던 꼬막무침이 입에서 튀어나올 뻔했다.
"참나, 아니, 어제 그날 마담을 처음 봤잖아!"
"처음 봤지."
"처음 보자마자 사랑도 아직 안 했는데, 무슨 헤어질 걸 염려해?"
"무슨 말이야. 그냥 보자마자 하는 사랑도 있는 거야…….

우리는 헤어지게 되겠지? 하고 상상하게 되니까…….”

"그래서…….”

"눈물이 왈칵 쏟아지려 했어."

    그날 나는 알았다. 사랑은 순수한 환각만으로도 존재한다는 것을. 단 한 번에 허리를 감아쥐던 손아귀의 힘, 따뜻하고 넓은 품 안, 끝날 것 같지 않은 향긋한 입맞춤. 사랑은 환각적일 만큼 생동적인 거구나. 감각이 없어도 순수한 환각만으로 가능한 거구나. 그리움만으로 가능한 거구나. 그때 그 남자 선생과 함께 먹던 꼬막무침은 알큰하고 배릿했다.

| 선지해장국 |

죽음
앞에서
사랑은

여기 한 사내가 있다. 때는 1980년대. 한쪽에서는 산업화가 맹렬하고 한쪽에서는 민주화투쟁이 한참이다. 세월은 하수상하기만 했다. 사내는 방직공장에 다녔다. 아니 민주화투쟁 중 경찰의 수배로 도망자 신세일 수도 있다. 긴장과 영양 부족으로 폐병에 걸렸지만 세상에 대한 분노와 울분으로 눈매만은 미친 듯 타오르는 6월의 숲속 같은 사내.

허수경의 시「폐병쟁이 내 사내」이야기다. 시인은 내 사

사랑이 떠나도 그 맛은 남으니까

내를 위해 뱀을 잡고 개를 잡아 진국으로만 고아 사내에게 먹이고 싶었다고 노래한다.

옛 여인들은 죽어가는 지아비의 침상을 지키며 마지막 숨이라도 거둘 것 같을 때 그녀의 손가락을 물어뜯었다지. 손가락에서 흘러나오는 피를 지아비의 입으로 뚝뚝 흘려보냈다지. 때로는 은장도로 제 허벅지를 찔러 피를 담아 지아비에게 먹였다지.

녹용도 사향도 아니고 피라니……. 피는 생명의 상징이다. 강렬한 정열의 상징이다. 실제 먹을 것이 부족했던 옛날, 고단백의 마지막 식사였던 셈이다. 제 몸을 바쳐서라도 지키고 싶은 사랑이 있다.

대처에서 갖은 고초를 당하다 고향집으로 내려온 폐병쟁이 내 사내. 먹이는 일에 어떤 낭만이나 고상함 같은 것을 부릴 필요가 없다. 여인은 독 오른 뱀도 덥석 잡고 백정 칼잡이가 되어 개도 잡을 수 있다. 내 사내를 일어나게만 할 수 있다면, 내 사내를 회복시킬 수만 있다면, 허벅살 선지피라도 다투어 먹이던 옛 여인들처럼.

어쩌면 사랑이란 거대한 추상이 아닐지 모른다. 감미로운 사랑의 밀어나 장난스런 유희 따위도 아니다. 구체적인 실증일지 모른다. 훨씬 원초적이고 감각적인 것이다. 벌레도 못 잡고 소리 지르는 소녀였지만, 내 사내를 살리기 위해서는 피 칠갑의 백정도 될 수 있다. 밤새 청솔가지 분질러 진국을 고아 먹일 수도 있다.

죽음 앞에서 사랑은 더 필연적인 것이 된다. 그것은 연민이니 연대니 하는 것을 넘어선다. 죽음까지 막아서려는 사랑은 필연적인 운명을 떠올리게 한다. 처절하고 절박한 사랑도 있는 법이다.

선지해장국을 먹으며 문득 허수경의 시 「폐병쟁이 내 사내」를 생각했다. '선지'는 짐승의 피가 식어서 굳어진 덩어리를 말한다. 선지해장국은 사골 국물에 소의 선지와 시래기와 콩나물을 넣어 끓인다.

사랑이 떠나도 그 맛은 남으니까

피기침하는 사내이기에 허벅살 선지피를 내서라도 살리려 했던 옛 여인들을 생각한다. 제 피를 음식으로 바치는 사랑. 그것은 펄펄 끓는 제 피를 바쳐서라도 최후까지 포기하지 않는 붙잡고 싶은 사랑이다.

나는 옛 여인들이 피를 내기 위해 물어뜯었다는 오른쪽 집게손가락을 가만히 들어 올려보았다. 체했을 때 무서워 바늘로 손가락도 못 따는 나다. 과연 손가락을 이빨로 물어뜯을 수 있을까? 나는 오른손을 가만히 내려놓았다. 그럼 은장도가 있다면 허벅지를 찔러 피라도 냈을까? 허벅지를 가만히 내려다보았다. 은장도로 사과나 깎아먹었겠지. 무슨 성대한 음식도 아니지만, 선지해장국을 먹을 때면 가슴이 뜨거워진다.

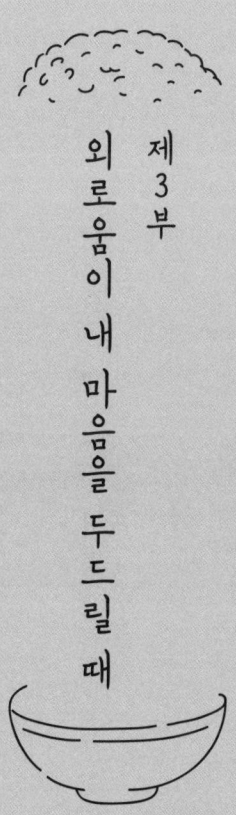

제3부
외로움이 내 마음을 두드릴 때

⎡ 라
⎣ 면

청춘을
위한
연가

　　　　　악동뮤지션의 노래 〈라면인건가〉에
나오는 청춘들은 찌질하다. 찌질해서 정겹고 찌질해서 쓸쓸
하다. 밤새 게임을 하고 해는 중천에 떴는데 세수도 안 하고
찬장에서 라면을 꺼낸다. 점심을 먹는다. 밤이 낮이 되고 낮
이 밤이 되고, 취업은 안 되고 월세는 밀린다. 일어나는 것도
귀찮은 똑같이 반복되는 날들이다. 악동뮤지션은 노래한다.
"내게 아침이란 게 있나" 하고. N포 세대의 미래는 팅팅 불
어버린 "라면인 건가, 라면인 건가?"

IMF 외환위기와 미국 금융위기가 있었다. 살아간다는 것이 쉽지 않다는 것을 진즉에 눈치채고 말았다. 삶은 훨씬 더 가팔라졌고 위태로워졌다. 욕망은 체포되고 자조만이 양식이 되었다. "오늘도 내 점심은 라면인 건가?"

    처음부터 그러지는 않았다. 팔팔 끓는 냄비에서 탱탱한 면발을 호호 불어가며 먹을 때까지 그들은 그렇지 않았다. 청춘은 탄력 있는 공 같았다. 청춘을 팔아 스펙을 쌓고 알바로 등록금을 벌다 보니 팅팅 불어버린 라면이 되었는지 모른다.

    그래도 라면이 있기에 청춘의 삶은 계속된다. 수많은 자취생과 혼족을 위로해주는 음식, 배고픈 청춘들의 소울 푸드. 나는 상상하기 싫다. 이 짭조름하고 맛난 것이 없는 세상을. 외국 여행 갈 때 꼭 챙기는 필수품, 눈이 온 스위스 융프라우산 꼭대기에서 먹는 간식, 군대 선임이 야식으로 끓여 오라는 그것, 돈 궁할 때 한 끼는 면발만 먹고 다음 끼는 국물에 밥 말아 먹을 수 있는 가성비 최고의 음식. 라면이 있기에 삶은 지탱된다.

시나리오 공부를 같이하던 후배가 있었다. 전라도 익산에서 올라온 친구였다. 늘 웃는 얼굴로 사람들을 대했다. 워낙 편하게 느껴져 후배를 만날 때마다 나는 푸근한 우리 이모를 만나는 것 같아 깜짝깜짝 놀라기도 했다.

후배는 모 방송 드라마 막내 작가로도 일을 한 적이 있었다. 하지만 이름만 대면 아는 드라마 메인작가는 그 후배에게 몇 개의 신을 집필하게 하고 크레디트에 이름을 올려주지도 않았다. 함께 숙식을 하던 작업실 청소며 밥 짓는 것까지 다 부려먹었다. 수고비도 별로 챙겨주지 않았다. 방송이나 영화 쪽이 뭐 다들 착취 구조로 되어 있다는 것쯤은 듣고 있었다. 피라미드의 맨 아래 칸을 철저하게 이용해 먹다가 때가 되면 용도 폐기하는 잔인한 구조라는 정도는.

명절날에도 후배는 집에 내려가지 못했다. 허리 디스크가 도져서 막내 작가 일도 잠시 접고 도수치료를 하고 있다고 했다. 가슴이 먹먹했다. 명절이 하루 지난 늦은 오후, 술과 고깃국과 과일과 떡을 챙겨 대학로 근처에 있는 후배의 집으로 갔다. 다세대주택이 옹기종기 모여 있는 건물 지하 원룸이었다. 후배의 방은 부엌 쪽을 제외하면 한 사람 정도가 누울 수 있는 공간이 다였다. 후배는 반찬이 없다며 내게 라면을 끓여주었다. 신라면이었다.

　허리가 아파 전기장판을 켜놓고 거의 누워 있다고 했다. 아빠는 말기암이고 엄마가 간호를 하고 있다고 했다. 결혼하지 않은 언니는 취업이 안 돼 집에서 놀고 있다고 했다. 후배가 끓여준 라면이 매워서였을 것이다. 라면을 먹으며 눈물 콧물이 자꾸만 났다. 연신 허리가 아프다며 끙끙 소리를 내는 후배를 보며 지하 원룸을 나왔다.

　밖은 이미 어둑한 저녁이었다. 후배는 생각났다는 듯 다세대주택 입구 쪽 담벼락에 놓아둔 작은 화분을 내게 건넸다. 행운목이었다.
　"이거 언니 하세요."
　"아니, 화분을 왜 밖에 두었어?"
　"우리 집에는 햇볕이 안 들잖아요. 그래서 낮에는 밖에 두고 밤에는 집에 갖다 놓는데……."
　"그런데 이걸 왜…… 내게……."

라면이 있기에 청춘의 삶은 계속된다.
수많은 자취생과 혼족을 위로해주는 음식,
배고픈 청춘들의 소울 푸드.

"얘도 왔다갔다하면 힘들 거고……. 언니가 돌봐주세요, 햇볕 잘 드는 곳에서."

나는 거절했지만, 후배는 완강했다. 떠밀다시피 내게 안겨주어 더는 거절할 수가 없었다. 그것은 가난한 집 아기를 입양 보내는 엄마와 실랑이하는 풍경이랄까?

후배가 아직도 그 지하 원룸에 살고 있는지 궁금하다. 화분마저 없어 밖으로 아예 나오지 않아 물먹는 하마가 된 것은 아닌지 모르겠다.

매운 라면을 먹을 때마다 후배가 생각났다. 삶은 신산하기만 하다. 서울 어느 지하 원룸에서 후배는 라면을 먹으며, 이 삶을 견디고 있을 것이다. 라면에는 서울살이의 애잔함이 묻어 있다. 삶을 견뎌나가려는 씩씩함이 묻어 있다. 문득 느껴지는 삶의 질감이랄까?

치킨

먹는 자와
튀기는 자

바삭하게 잘 튀겨진 닭다리를 씹어 먹으며 황금빛 가득한 맥주를 꿀꺽꿀꺽 마실 때쯤 알게 된다. 내 영혼이 이 도시에서 큰 위로를 받고 있다는 것을. 바삭바삭, 쫀득쫀득, 판타스틱한 이 맛이 내 영혼을 어루만지고 있다는 것을. 회사 상사에게 열나게 얻어터진 날에 치맥마저 없다면 우리는 모두 정신줄을 놓고야 말 것이다.

그러나 치킨을 먹는 사람이 있다면 하루 종일 튀겨내야 하는 사람도 있다. 이병헌 감독의 영화 〈극한 직업〉에서 마약반 형사팀은 잠복근무를 위해 어쩔 수 없이 낮 동안 치킨집을 연다. 소상공인들의 마지막 보루, 회사에서 잘려 오갈 데 없는 퇴직자들의 마지막 피난처.

경찰에서 잘리지 않고 어떤 일이 있어도 이번에는 마약상 이무배를 잡고야 말겠다는 의지로 그들은 오늘도 닭을 튀긴다. "우리는 목숨 걸고 하는 거야!" 이 말이 살기 위해 몸부림치는 이 시대 많은 사람의 외비명처럼 들리는 것은 나만의 오버랩일까?

문학을 좋아하던 친구였다. 치킨집을 열게 되었다고 연락이 왔다. 치킨을 먹으러 오란 뜻이다. 부모가 어릴 때 이혼해서 할머니 손에서 자란 친구였다. 할머니는 마스크를 쓰고 폐지를 줍고 다녔다. 학교를 가다 할머니와 마주치게 되었는데 할머니가 마스크를 벗고 손을 흔들더란다. 그때 친구는 보았다. 할머니 얼굴에 난 검버섯을. 그 검버섯은 슬픔처럼 할머니 얼굴을 점령하고 있었다. 그것이 마지막이었다.

할머니는 그날 후진하던 트럭에 치었다. 보험회사에서는

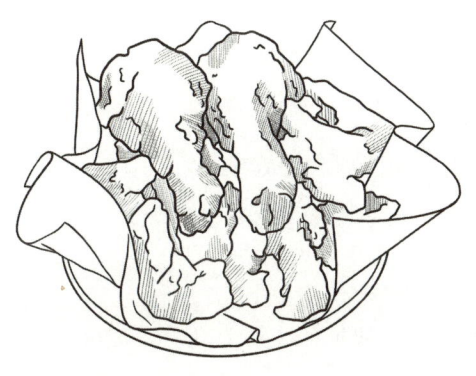

바삭바삭,
쫀득쫀득,
판타스틱한 이 맛이
내 영혼을 어루만지고 있다는 것을.

할머니의 생명값이라며 친구에게 흰 봉투를 건네주었다. 친구는 흰 봉투가 할머니가 드러누운 흰 관처럼 생각되었다. 친구는 끝내 흰 봉투를 받고 말았다. 가난한 친구에게는 별 선택의 여지가 없었다.

친구의 치킨집에서 닭다리를 뜯으며 친구는 우는지 웃는지 모를 표정으로 내게 말했다.
"할머니가 치킨을 정말 좋아하셨는데……."
"……."
"돌아가시기 전에 치킨 한 번 못 사드렸다……."
그 대신 할머니의 생명값으로 치킨집을 열었으니 친구는 할머니를 튀겨서 할머니를 팔아먹고 있다는 생각이 든다고 했다. 치킨을 튀길 때마다 마음이 괴롭다고 했다.

나는 여기에 또 목숨 걸고 사는 사람이 있구나 하는 생각이 들었다. 그 친구의 손을 잡고 말했다.
"너는 할머니에게 치킨을 못 사드렸지만 할머니는 너에게 치킨을 사주었잖아. 할머니는 그것만으로 무척 기뻐하실 거야."

외로움이 내 마음을 두드릴 때

　김선우의 시 「숭고한 밥상」에 보면 이런 이야기가 나온다. 시인은 스물여덟 번째 생일상을 받으며 지금 먹고 있는 닭 한 마리가 내 할아버지가 아닌가 하는, 지금까지 어머니를 먹고 있었던 것은 아닌가 하는 생각에 사로잡힌다. 지구상의 생명체인 시금치, 닭, 고등어도 다 같이 함께 이 별에 씨 뿌려진 배냇동기가 아닌가 하는 생각을 한다.

　우리는 모두 누군가를 먹음으로써 누군가의 먹이가 되는 존재가 아닐까? 우리의 몸이 죽어서 흙 속의 미생물을 살찌게 하고 미생물의 힘으로 풀이 자라고 풀을 먹은 소와 닭과 염소가 자라고 소와 닭과 염소를 우리의 후손이 먹는다. 인간은 영원히 전생과 후생의 삶을 이어서 살고 있는 것이다. 음식을 먹는 모든 과정이 결국 누군가에게 빚을 지고 누군가에게 빚을 갚는 과정이다.

　목숨 걸고 한다는 것은 그 안에 우리의 목숨이 담겨 있다는 뜻이 아닐까? 그날 치킨을 먹으며 문득 한 번도 보지 않은 친구의 할머니를 보는 듯한 반가움이 감돌았다. 그 치킨은 바로 친구의 할머니였다.

햄
버
거

가벼운 농담과
실용성의
맛

햄버거를 상상으로 만들어보는 것은 얼마나 흥미로운 일인가? 먼저 곱게 다진 소고기와 돼지고기에 빵가루, 달걀, 볶은 양파, 소금, 후추를 넣고 골고루 반죽하며 손으로 치댄다. 반죽에 충분히 끈기가 있을 때쯤 동그랗게 빚어서 기름에 지글지글 속까지 익힌다. 패티는 함박스테이크와 같이 가운데 부분을 눌러주면서 구워야 속까지 익는다. 이때 고소한 고기와 양파향이 콧속을 찌르며 올라온다. 기분이 마구 좋아진다.

이번에는 프라이팬에 버터를 두르고 햄버거 빵을 지져낸다. 고소한 버터향이 다시 콧속을 찌른다. 기분이 날아갈 것 같다. 이때 토마토, 양상추, 오이, 치즈, 마요네즈, 브라운소스를 준비한다.

장정일은 시 「햄버거에 대한 명상」에서 햄버거를 만드는 모든 과정을 시로 쓰고 있다. 장정일은 이 모든 명상의 과정에서 정신을 놓치면 안 된다고 주의를 준다. 자칫하다 칼에 손이 베일 수도 있다고 말한다. 또 구워내던 패티가 타버릴 수도 있기 때문이다. 명상으로 햄버거를 만드는 과정, 고기향과 버터향만으로 모든 감각기관이 생춤을 추며 즐거워할 것 같다.

그러나 장정일이 햄버거를 상상 속에서 만들어내는 이 흥미로운 과정은 시의 말미에서 시적 조롱으로 끝난다. 때는 1980년대 말. 시인은 햄버거라는 미국에서 들어온 간식을 한국인들이 즐겨 먹는 것이 견딜 수 없었다. 88서울올림픽 이후 외세 문화가 해일처럼 몰려들 때였다. 시인 황지우는 커피를 미국놈의 똥물이라며 비아냥댔을 정도였으니까.

햄버거의 기원은 독일이다. 항구도시 함부르크의 부두 노동자들은 식당에 갈 돈도 시간도 넉넉지 않았다. 질 낮은 고기를 갈았고, 이 고기를 소금으로 간해 구웠다. 이 점심 도시락이 19세기 초 미국에 소개되었다. 이 함부르크 스테이크를 빵 사이에 넣어 먹은 것이 햄버거가 되었다.

　1979년 처음 한국에 롯데리아가 들어왔다. 텔레비전에서는 빨간 모자와 유니폼을 입은 롯데리아 직원들을 보여주었다. 그들은 숙련된 모습으로 햄버거와 프라이를 만들어 보였다. 그때 나는 지방 소도시에서 교련 수업 시간에 소총 쏘는 훈련을 하고 있었다. 체력장에서 더 높은 점수를 따기 위해 '열나게' 포탄 던지기를 연습하고 있었다. 롯데리아 햄버거도 먹고 싶었지만, 빨간 모자에 유니폼을 입은 언니들이 너무 멋져 보였다.

　대학 때 처음 올라온 서울의 신촌은 춥기만 했다. 그래도 대학교 앞에 켄터키 프라이드치킨과 롯데리아 햄버거가 있어 행복했다. 미국 드라마 〈섹스 앤 더 시티〉의 캐리 브래드쇼처럼 뉴요커같이 폼을 잡으며 햄버거를 먹었으니까.

빵 안에 잘 익은 패티,
토마토, 양상추, 오이, 치즈를
책처럼 쌓아놓은 모습은
지나온 삶의 시간들을 쌓아올린 것만 같다.

시간은 흘렀다. 시간이 흐를수록 이상하게 내게는 시간이 점점 없어졌다. 식사를 할 시간도 음식을 음미할 시간도 점점 사라졌다.
　"음, 맛있어."
　"음, 맛 끝내주는데?"
　감탄사를 연발하면서 음식을 먹어본 지도 얼마나 되었을까? 신혼 때 아기를 키울 때 한 손으로 아기를 안고 한 손으로 햄버거를 먹으며 서서 아기를 어르면서 책을 읽었다.

　폼 나는 뉴요커처럼 창가에서 햇살을 받으며 햄버거를 먹는 것이 꿈이었는데, 시간이 지나면서 나는 함부르크의 부두 노동자가 되어 있었다. 시간에 쫓겨 식사할 시간도 없어 아무 곳에 걸터앉아 한 손으로는 햄버거를 한 손으로는 마우스를 놀리며 컴퓨터 화면에 눈을 박고 있었다.

　햄버거는 허겁지겁 허기를 삼키게 만드는 음식이 되어버렸다. 시간 도둑이 현대인에게 이거나 먹어라 냅다 던져주고 간 음식. 가벼운 농담 같은 음식. 실용성과 편리함을 최고의 가치로 생각하는 도시인의 음식. 이렇게 생을 헌납하며

외로움이 내 마음을 두드릴 때

살아야 하다니……. 그러나 그것은 햄버거의 잘못이 아니다. 패스트푸드라고 명명하며 햄버거를 비하할 필요도 없다.

모든 식재료가 골고루 갖춰져 있었기에 내 삶의 시간들을 함께해왔다. 빵 안에 잘 익은 패티, 토마토, 양상추, 오이, 치즈를 책처럼 쌓아놓은 모습은 지나온 삶의 시간들을 쌓아 올린 것만 같다.

폼 나게 짧은 치마를 입고 다니던 명랑했던 청춘의 시간도, 신혼 때 아기를 키우며 울면서 햄버거를 먹던 기억도 다 쌓아올려져 있는 것만 같다. 바빴던 시간들의 기억들. 향긋한 고독의 시간들. 그것이 나와 햄버거의 역사였다.

| 회
전
초
밥 |

조직이
그대를
속일지라도

　　들개이빨의 웹툰 〈먹는 존재: 회전초밥〉(3화)은 지옥의 프로젝트를 끝낸 유양의 이야기에서 시작한다. 드디어 월급날이 돌아왔다. 유양은 '만세!', 자축하는 심정으로 후후회전초밥집 문을 열어젖힌다. 눈앞에 들어온 풍경은 "열심히 일한 당신, 먹을 자격 있어!" 하며 컨베이어벨트 위 초밥 접시가 열심히 돌아가고 있다.

　　초밥을 마구마구 입안으로 '투하'하고 있는 와중에도 유양은 알게 된다. 돌아가는 초밥 접시 위에도 계급이 있다는 것을. 회색의 1,000원짜리 접시, 연두색의 1,500원짜리 접시, 빨강색의 2,500원짜리 접시, 파랑색의 3,000원짜리 접시, 황금색의 4,000원짜리 접시, 짙은 황금색의 5,000원짜리 접시. 먹고 포개놓은 접시는 유양의 얼굴을 점점 가리며 올라만 간다. 하지만 끝내 황금색 접시를 집을 수 없다.

'아, 여기서도 조직이 있었다니.' 기껏 자축한다면서 싼 접시만 골라먹고 있었던 것이다. '즐겨! 찌질하긴!' 유양은 마침내 자신을 위해 짙은 황금색 접시를 집고 만다. '참치 대뱃살.'

큰맘 먹고 5,000원짜리 참치 대뱃살을 집어오는 유양. 입 안에 넣고 오물오물 씹어보는 유양.
"맛있어……!"
환각 같은 즐거운 웃음소리가 머릿속에서 울려 퍼지는 것만 같다. 그래서 사표를 낼 것인가 말 것인가? 그와 계속 만날 것인가 헤어질 것인가? 오늘도 이 절박한 OX 퀴즈 앞에서 밤잠 설치는 당신에게 초밥을 권한다.

대학교를 졸업하고 조직에 들어왔다. 석사과정을 졸업하고 대학원 조교가 되었다. 교양 강사실에서 강사 선생님들의 온갖 잔심부름을 했다. 한번은 강사실 서랍장에 각대봉투가 다 떨어졌는데, 그것을 미리 채워놓지 않았다고 선배 언니가 불같이 화를 냈다.

　선배는 속상했을 것이다. 여섯 명 중에서 막내인 내가 들어오자마자 맨 처음 선배들을 제치고 결혼을 했고 결혼을 하자마자 임신을 해서 나타난 것이다. 만삭의 몸인 막내를 여기저기 심부름을 시켜야 했으니 어지간히 선배들이 속이 상할 만도 했다.

　만삭의 몸으로 뒤뚱거리며 계단을 오르내려야 했다. 2층 교양국어 자료실에서 3층 교양국어 강사실을 오르내렸다. 5층 국어학 자료실을 들락거리기도 했다. 내 호흡의 대부분은 헐떡거림이었다. 언제나 교감신경계는 스트레스와 공포에 너덜거렸다. 심장 주위의 근육들은 빨라진 박동수에 숨이 차오르기도 했다. 또 선배들에게 혼나지 않을까 늘 긴장을 하고 있어야 했다.

어떻게든 조직에서 살아남아야 한다. 상사에게 하고 싶은 말을 끝내 목구멍 속으로 삼키며……. 회식 때 불판 위 고기를 열심히 구워가며……. 그러다가도 '그냥 지구에서 확 뛰어내려버려?' 하고 마음을 먹는 순간, ATM 기계 앞에서 통장 잔고는 늘 나를 좌절시켰다. 어느새 네 자리 숫자로 줄어 있는 게 아닌가. 그러다 보면 월급날은 변심한 애인 돌아오듯 다시 돌아오고 있었다.

사는 것은 잔인할 만큼 반복적인 것이다. '확, 때려치워, 말아' 할 때, 심각하게 히스테릭해졌다 다시 마음을 다잡아보려 할 때, 회전초밥집 문을 열어젖힌다. 학교 후문 쪽 회전초밥집. 그때 '딸랑' 하는 문고리 소리와 함께 들리는 우렁찬 젊은 직원들의 목소리!
"이랏샤이마세!(어서 오십시오!)"

광어와 큰 차이는 없지만 옆구리 껍질 때문에 뭔가 있어 보이는 도미회초밥, 당근과 동색인 주제에 이런 풍요로운 맛을 내는 앙큼한 것 같은 연어초밥, 언제나 먹어도 에로틱한 맛인 장어초밥, 허당인 줄 알면서도 집을 수밖에 없는 화려한 비주얼의 캘리포니아롤, 염병할 흰살생선인 줄 알고 잘못 고른 오징어회초밥.

　커다란 광어초밥을 와사비와 간장을 잔뜩 찍어 입에 넣어본다. 촛물로 지은 새콤달콤한 밥알에다 알싸하게 콧날을 톡 쏘고 도망가는 와사비, 씹을수록 고소해지는 생선살. 새콤달콤하다 알싸하게 고소해지는 초밥 한 알을 씹어 삼킬 때쯤에는 지상의 지복에 도달한 듯한 쾌감이 입안 가득 넘친다. 초밥은 영혼의 결핍을 말없이 알아주는 친구 같다. '그래, 인생 끝나는 것도 아닌데 그렇게 심각해질 필요 없잖아.'

　세상이 당신의 뺨에 '찰싹' 하고 싸대기를 갈겨올 때, 조직이 등 돌리며 나를 떠밀어내려고 할 때, 입안 가득 혀의 모든 감각을 불러일으키는 이 복병 같은 맛을 찾아나설 것도 같다. 세상은 늘 그렇듯 어수선하기만 하다. 삶은 끔찍할 만큼 지루하기만 하다. 새콤달콤 고소한 초밥 한 알을 입안으로 가져가 본다. 그리고 애써 자축하듯 씹으며 중얼거려본다.
　"잘해왔어, 잘 견뎌왔어."

> 쌀밥

배고픈 슬픔이
영혼에
차오를 때

　　　　　고전소설인 『춘향전』에는 인간의 모든 욕망이 담겨 있다. 그중에서도 밥에 대한 욕망이 담겨 있다. 천지간에 백년가약을 맺고 헤어진 야속한 이몽룡 때문에 춘향 모는 오늘도 정화수 한 그릇을 떠놓고 천지신명께 기도를 올린다. 금이야 옥이야 키운 무남독녀 외딸 춘향이 죽게 생겼다. 그런데 웬걸, 걸인 중에 상걸인이 다 되어 백년지객 사위 이몽룡이 나타난 것이다. 춘향 모는 기가 막힌다.

"쏘아논 화살이요 엎지른 물이 되어 수원수구하겠냐마는, 내 딸 춘향을 대체 어찌 할라는가?"

춘향 모는 홧김에 이몽룡의 코를 물어 떼려 하는데 이몽룡은 짐짓 춘향 모 거동을 보려고 한마디 한다.

"시장하여 나 죽겠네, 나 밥 한술만 주소."

향단이는 춘향 모에게 아가씨를 봐서도 괄시하면 안 된다며 부엌으로 냉큼 달려간다. 먹던 밥에 풋고추, 절인 김치, 양념을 넣고 단간장에 냉수를 가득 떠서 소반에 받쳐 들고 온다.

이몽룡이 반겨하며 "밥아, 너 본 지 오래다" 한다. 마파람에 게 눈 감추듯 먹어치운다. 춘향 모는 빈정대고 향단은 흐느낀다. 하지만 능청을 떨며 먹는 이몽룡이 독자들은 유쾌하기만 하다.

밥은 한국인이 만나는 최초의 욕망이다. 태어나서 숟가락을 쥐고 있을라치면 어김없이 밥그릇이 놓여 있다. 인생이란 결국 스스로 밥을 떠먹는 일이다. 아이는 자라면서 스스로 허기를 달래고, 또 달래기 위해 달려가야 하는 것이 인생이란 것을 알게 된다. 인생의 욕망이란 밥의 욕망인 것이다.

대학원 시절. 그 남자와 연애 1년차. 우리는 결혼 적령기의 연인들이 그러하듯 사소한 싸움과 화해를 반복했다. 그러는 사이 그가 먼저 선수를 쳤다. 그는 내가 없는 사이 우리 집에 찾아가 부모님께 큰절을 했다. 이렇게 둘이 계속 토닥거리다간 안 되겠다 싶어서였을 것이다. 양단간에 결판을 내려야겠다고 생각했던 모양이다. 결혼 이야기가 오간 것은 그때부터였다. 딸 부잣집 우리 집에서는 어쨌든 딸들을 빨리빨리 출가시키는 것에 혈안이 되어 있던 터라 아주 잘되었다고 엄마는 속으로 손뼉을 쳤다.

마침 그의 어머니가 그의 서울 자취집에 올라온다는 이야기를 듣고 망설였다. 어쩌면 시어머니가 될지도 모르는 부담 속에서 무엇을 선물해야 하나 고민을 했다. 고민 끝에 꽃을 선물하기로 마음먹었다. 지도교수가 시어머니의 연배

였고 꽃을 무척 좋아했기 때문이다. 학교 앞 꽃집에서 붉은 장미와 안개꽃을 샀다. 잔뜩 기대하는 마음으로 꽃다발을 건넸을 때 내 예상과 달리 그의 어머니는 실망한 빛이 역력했다.

"지천에 깔린 기 꽃인디 무신 꽃이고."

시골 초등학교를 겨우 나와 경북 예천 읍내에서도 10리 넘는 시골 산골짝으로 시집을 간 그녀였다. 임신을 해서 심한 입덧 때문에 도무지 먹을 수가 없었다. 그나마 쌀밥이라도 있으면 좋으련만……. 그녀의 시어머니는 쌀이 부족하다며 보리밥만 주었다. 쌀농사를 지었으나 자신은 정작 쌀밥을 먹을 수 없었다. 그녀는 하얗게 윤기나며 고슬고슬하게 지은 고봉밥 쌀밥 한 그릇이 그렇게도 먹고 싶었다. 씹으면 씹을수록 입안에서 살살 녹는 식감에 입안 가득 단맛이 번지는 그 쌀밥을 먹고 싶었다. 친정에서도 먹지 않은 보리밥은 먹기도 싫었다.

그러나 시아버지와 시어머니, 남편이 쌀밥을 먹고 나면 일꾼들과 그녀는 남은 꽁보리밥을 먹어야 했다. 꽃잎처럼 부드러웠던 그녀의 손등은 보리처럼 거칠어졌다. 아들 셋은 꼭 낳아야 한다고 해서 그녀는 이를 악물고 일곱 남매를 낳았다. 이 집안에서 쫓겨나지 않기 위해서였다.

그녀가 평생 살았던 시골 동네에 지천에 깔린 게 들꽃이었다. 패랭이꽃, 맥문동, 들국화, 달맞이꽃……. 그런 것은 먹을 수도 없었다. 쪄서 말려서 저장해서 오래 두고 먹을 수도 없었다. 그런 것을 내가 그녀에게 주려고 했으니…….

그녀는 마침내 시어머니가 되었다. 그리고 언제나 쌀밥을 고집했다. 이제는 지천에 널려 있는 게 쌀인데도……. 누군가에게 너무 자주 먹어 하찮은 음식이 누군가에게 먹고 싶은 최고의 음식이 될 수도 있다.

쌀밥 한 그릇을 위해 시어머니는 평생을 쌀농사에 고추 농사에 그 독하다는 담배농사를 지었다. 소를 먹이고 염소와 닭과 개를 먹였다. 시부모와 남편과 일곱 남매와 일꾼들을 먹였다. 그녀는 이 우주의 많은 생명체를 먹였다. 쌀밥 한 그릇을 위해서. 그러니까 시어머니에게 쌀밥 한 그릇은 이어가야 할 생명이었고 살아내야 할 생존이었다.

  한 그릇의 밥을 위해 비겁해지고, 한 그릇의 밥을 위해 눈물을 흘리기도 한다. 한 그릇의 밥을 위해 친구의 뒤통수를 치기도 하고, 한 그릇의 밥을 위해 마음에 없는 소리를 하기도 한다. 한 그릇의 위로를 위해 한 그릇의 생존을 위해 오늘도 우리는 외친다.
  "다 먹고 살자고 하는 일인데, 밥 먹고 합시다."

⟨전⟩

비 오는 날의
처량함에
대하여

여기 해방 직후 한 사내가 있다. 그는 멀끔한 서양식 양복을 입은 신사가 아니겠는가? 포마드 기름으로 머리카락을 빗어 올리고 뾰족한 양구두까지 신었다. 사내가 '가다肩' 한 번 무너지면 끝장이니까. 폼 잡고 요릿집에 들어갔다. 하지만 그는 돈 한 푼 없는 건달이었다. 한 상 다 차려 얻어먹고 뒷문으로 도망치다 결국 붙잡히고 만다. 참나, 붙잡혀 매를 맞는 모습이라니……. 한복남의 노래 〈빈대떡 신사〉에서 가수는 그 꼴이 우습다며 숨넘어갈 듯 웃어 젖히고 있다.

"와하하하 우습다 / 이히히히 우스워 / 애해해해 우습다 / 왜해해해 우스워 / 와하히히 우하하하 우습다 / 돈 없으면 대폿집에서 / 빈대떡이나 부쳐 먹지 / 한 푼 없는 건달이 / 요릿집에 무어냐 / 기생집이 무어냐."

과거의 영광에 휩싸여 제 분수도 모르는 우스꽝스러운 자기 착오라니. 우습고 서글픈 꼴이다. 신사는 아버지가 물려준 재산을 다 탕진한 것이다. 신사는 남은 양복마저 잡혀 먹기 전에 집에 가서 빈대떡이나 부쳐 먹어야겠지?

사람들은 비 오는 날 왜 전을 부칠까? 부쳐 먹을까? 어떤 설說에 의하면 추적추적 오는 빗소리 때문이란다. 비 오는 소리가 전 부칠 때 나는 지지직거리는 기름 끓는 소리와 비슷하다나 어떻다나. 꽤 낭만적인 이유다.

다른 설에 의하면 비 오는 날에는 냄새가 대기 중에 더 잘 번지기 때문이란다. 한 집에서만 전을 부쳐도 온 동네가 전 부치는 줄 알 정도로 냄새가 번지니까. 전 부치는 냄새야말로 기가 막힌 냄새니까.

외로움이 내 마음을 두드릴 때

비 오는 날은 막걸리에 전이 '땡기는' 것은 '당근'이다. 파전이든 김치전이든 호박전이든 부추전이든 녹두전이든 뭐든……. 빈대떡은 가난한 사람을 위한 음식이라 한다. '빈자貧者'떡으로 불리다가 지금의 빈대떡이 되었다는 이야기가 있다. 조선시대 흉년이 들면 부잣집이나 세도갓집에서 빈자떡을 만들어 남대문 밖에 모인 유랑민들과 거렁뱅이들에게 던져주었다는 이야기도 있다.

예전 호화로울 때 호령하던 그 신사는 빈대떡을 먹으며 어떤 생각을 할까? 그것도 비 오는 날에……. 옛날의 입맛을 잊지 못해 찾아간 요릿집에서 매를 맞고 쫓겨난 신사는 비로소 자신의 현실을 들여다보았다. 제 집안 안팎을 둘러보았다. 돈 나갈 만한 물건은 모두 전당포에 잡아먹힌 후였다. 이 빠진 사발과 냄비들, 막걸리를 마시는 찌그러진 양은 주전자만이 바닥에 뒹굴고 있다.

밖에는 비가 추적추적 오고 있다. 가수는 노래한다. 돈 없으면 집에 가서 빈대떡이나 부쳐 먹으라고. 그래, 집에서 빈대떡이나 부쳐 먹어야 할 팔자가 된 게 아닌가. 신사는 삶의 빛나던 한때, 호령하던 옛날을 떠올린다.

누구나 빛나던 한때가 있기는 했겠지? 얼굴은 태양처럼 빛났고 사람들은 모두 나에게 우호적이었던 때. 세상은 나를 중심으로 운행하며 돌던 때. 나의 영화로움에 질투라도 하듯 우주가 가끔 운행을 멈춘 채 하늘의 별들이 나를 내려다보며 윙크해주던 때.

하지만 올라가는 법이 있으면 내려가는 법도 배워야 한다. 그것이 시간의 이치이고 자연의 이치인 것이다. 인생에서 연착륙을 제대로 하지 못하고 돌아오지 않는 영광에 목매고 있는 이들은 삶의 측은함을 자아낸다.

비 오는 날 전을 부쳐 먹으면 약간의 낭만과 스산함이 스며드는 듯하다. 추적추적 빗소리를 들으며 고소한 기름기가 입안을 휘저을 때 문득 떠오르고야 마는 것이다. 예전에 나를 찬란하게 해주던 것들, 내가 사랑하던 것들, 나를 사랑해주던 것들. 나도 대학을 다닐 때 나름 남자애들에게 인기가 있었다. "이놈의 인기는 식을 줄도 모른다니까" 하고 능청을

외로움이 내 마음을 두드릴 때

떨며 헤헤거리던 때가 있었다.

이제는 꽃다운 나이에 구중궁궐 나인으로 들어와 수십 년이 지난 뒤 달이 비치는 어느 날 밤, 궁궐 뒤 우물물에 쭈글쭈글해진 자신의 얼굴을 비춰보는 늙은 궁녀가 된 느낌이다.

'내가 왕년에 말이지'라고 말하는 순간 꼰대가 된다. 하지만, 그 왕년에 대한 추억으로 현재의 남루가 가끔 위로받기도 한다. 그것은 미래의 희망과는 다른 과거가 주는 어떤 위안 같은 것이다. 지금은 돈 한 푼 없는 건달이지만 마음만은 신사니까.

그 신사를 보면서 가수가 "애해해해 우습다" 하고 계속 웃는 것은 단순한 비웃음이 아니다. 우리 삶이 이 영광과 추락의 사이클 안에 있다는 것을 알기 때문이다. 비 오는 날 빈대떡은 우리 삶의 비루함과 동시에 과거의 기억이 주는 따뜻한 위로를 맛보게 한다. 빈대떡은 그런 음식이다.

|냉면|

고향을 잃고
맛을 얻다

 이 새콤하고 톡 쏘는 시원한 것이 있어 세상은 훨씬 유쾌해졌다. 여름철에는 맑고 찬 육수에 돌돌 만 메밀면 한 덩이, 냉면 한 그릇이면 세상만사 다 시원해진다.

 냉면은 일제강점기에 인기 음식이었다. 1900년 파리 만국박람회에서 냉장고가 처음 등장했다. 조선에도 일제 제분기가 유입되었다. 메밀면을 좋아하는 일본인들의 식성도 한몫했다. 경성에만 평양냉면 전문 음식점이 꽤나 있었다. 시

외로움이 내 마음을 두드릴 때

골 사람들은 경성에 올라올 일이 있으면, 시내에서 평양냉면을 먹어보는 것이 소원이었다.

분위기가 이렇다 보니 냉면 배달까지 생겨났다. 한 손으로는 자전거를 운전하고 한 손으로는 냉면 그릇과 육수 주전자를 얹은 목판을 들고 골목을 누비는 배달부의 모습을 간간이 볼 수 있었다. 밤샘을 하는 노름꾼이나 기생, 지식인들의 별식이나 야식이었다.

그러나 6·25전쟁 후 한반도가 분단되자 냉면은 잃어버린 고향의 맛이 되어버렸다. 특히 월남한 사람들에게는. 이제는 갈 수 없는 곳, 기억 속에서 상상되는 곳, 고향. 냉면은 고향을 그리워하는 고향의 맛이 되어버렸다.

근대 이전에 사람들은 예외적인 경우를 제외하고 고향을 떠날 일이 별로 없었다. 평생 한곳에서 태어나고 자라고 죽었다. 출사出仕를 해서 관직에 나가더라도 나중에 관직에서 물러나 귀향을 했다.

근대 이후 식민 체험, 전쟁, 분단, 산업화의 역사 속에서 한국 사람들에게 고향은 새롭게 '발견'되었다. 일제 탄압을 피해 북만주로, 상하이로 이주했다. 함흥 철수로 많은 사람이 남한으로 피난을 내려왔다. 산업화 시절에는 수많은 이농민이 생겨났다. 급속한 산업화 속에서 농촌을 떠나 도시로 모여들었다.

고향은 기실 '고향을 잃게 됨으로써' 새롭게 발견된 역설적 공간이다. 고향에 돌아갈 수만 있다면, 아니 고향을 잃어버리지만 않았다면, 고향을 그리워할 일도 없을 텐데……. 그렇게 해서 고향은 그리움 속의 공간이 되었다. 어떤 현실적 고통도 치유해줄 것 같은 전원의 공간, 사랑하는 가족과 어릴 때 친구들이 있는 유년의 공간, 불안한 내 자아를 가만히 지켜줄 것 같은 어머니의 공간. 상상 속에 고향은 그립기만 하다. 향수 가득하기만 하다.

윤종빈 감독의 영화 〈공작〉에서 북파공작원인 일명 '흑금성'은 남한 사업가로 변신해 북한 대외경제부 리 처장의 초대를 받는다. 리 처장이 자신의 집에서 내놓은 음식은 뱀

이 새콤하고 톡 쏘는 시원한 것이 있어
세상은 훨씬 유쾌해졌다.
냉면 한 그릇이면 세상만사 다 시원해진다.

술과 평양냉면이다. 개혁개방에 성공한 중국처럼 자신의 조국 북한도 경제난에서 벗어나기를 원하는 북한 간부와 북한의 핵탄두 정보를 빼내기 위해 남한 사업가로 변장한 북파 공작원이 함께 평양냉면을 먹는다. 그것은 잃어버린 고향의 맛이다.

더운 여름, 모든 더위를 잊게 만드는 냉면 육수를 들이켠다. 슴슴하면서 새콤하고 담백하면서 은은한 육수가 목구멍으로 넘어간다. 숟가락으로 냉면의 놋그릇을 쨍 하고 부딪친다. 마음속의 얼음도 함께 쨍 하고 깨지는 듯하다. 평양냉면에는 남한 사람의 복합적인 그리움이 뒤섞여 있다.

분단되어 있기에 가볼 수 없는 곳, 저 너머의 잃어버린 영토를 생각한다. 고향을 잃은 이들의 고독을 생각한다. 고향을 잃고서야 고향의 맛을 알게 된 이들의 고독을 생각한다. '그대 다시는 고향에 돌아가지 못하리.' 하지만 냉면을 먹으면, 그 쫄깃쫄깃한 면발에 시원한 육수를 들이켜면 고향이 마음속으로 들어앉을 것만 같다.

| 헛제삿밥 |

영혼이
떠난 뒤의
심심한 맛

고슬고슬 잘 지은 흰쌀밥 위에 고사리, 시금치, 도라지, 무나물, 콩나물 등 삼색나물을 얹고 깨소금과 참기름을 넣고 조선간장을 넣어 비비기 시작한다. 그리고 무, 두부, 소고기 몇 점을 넣은 탕국을 떠먹는다.

파, 마늘, 고추가 빠진 탕국은 뭔가 빠진 듯하다. 밍밍하고 이상한 맛이다. 뭔가 빠진 듯하지만, 그것은 진짜 빠진 게 아니다. 향채香菜가 들어가지 않은 부분을 혼령이 채워주고 있는 것이니까. 그래서 탕국에는 영혼의 심심한 맛이 느껴진다. 삶의 무거움이 다 빠져나간 영혼의 맛 말이다.

박현수의 시 「헛제삿밥」에서 시인은 "구름 떠도는 하늘을 닮은" 그 "맑은 탕국이 먹고 싶다"고 노래한다. 헛제사밥이 먹고 싶다고 노래한다.

언젠가 이 여행도 끝날 것이다. 충분히 떳떳했고 당당한 삶이었다. 나는 내 배역에 충실했다. 연극이 끝날 날도 곧 당도할 것이다.

손에 쥐고 있던 모든 것이 허위처럼 느껴질 때, 날카로운 종이에 쓱 하고 손가락이 베이듯 청량한 뭔가가 서늘하게 가슴 언저리를 지나갈 때가 있다. 그럴 때는 헛제삿밥이 먹고 싶어진다.

한국의 궁궐은 중국의 궁궐에 비해 작고 소박하기 이를 데가 없다. 중국 베이징 자금성의 규모와 화려함을 생각해 보라. 음식은 또 어떤가. 예전 조선의 왕이 먹던 궁궐 음식에 비해 중국 황제의 음식은 무조건 많이 쌓아놓고 벌여놓았다. 우리의 궁궐과 음식이 소박한 이유는 무엇이었을까? 그들은 백성들의 눈치를 보았던 것이다. 백성의 뜻이 하늘의 뜻이라 생각했다. 백성보다 화려하게 사는 것을 죄스럽게 생각했다.

창덕궁 후원에 가보면 전각 옆에 논이 있다. 전각 옆에 논을 만들어놓은 것은 왕과 왕비가 직접 경작하기 위해서였다. 직접 경작을 해서 백성들의 마음을 헤아리려 했기 때문이다.

옛날 선비들도 백성들을 생각하며 소박한 밥상을 차렸다. 그러나 사랑채에서 글을 읽다가도 가끔 제삿밥이 먹고 싶었다. 늘 소박한 밥상만 받다가 제삿날 먹는 제삿밥이 먹고 싶어지는 것이다. 갖은 나물에다 조기에다 떡에다 대추, 밤, 삶은 달걀에다 갖은 전에다 소고기와 무가 들어간 탕국까지. 그렇게 제삿밥이 먹고 싶어진다.

그런데 그렇게 한 상 차려 제삿밥을 먹으려니 백성들의 눈치가 보인다. 심지어 제삿날에는 제사 음식을 이웃들과 나누어 먹었는데, 제삿날도 아닌데 혼자서 제삿밥을 만들어 먹으려니 여간 눈치가 보이는 것이 아니다. 선비는 제삿날도 아닌데 제삿날이라 하고 제삿밥을 차렸던 것이다. 자기도 먹고 이웃에게도 제사 음식인양 나누려는 심산이었다. 제사를 지내는 것처럼. 요즘도 제삿날도 아닌데 헛제삿밥을 먹을 수 있게 파는 가게가 있다.

안동 헛제삿밥. 그 밍밍하고 뭔가 빠진 듯한 맛. 그것은 이승의 맛이 아니다. 저승의 맛이다. 이승에 살면서도 죽음을 맛보고 싶을 때, 사는 것이 사는 것 같이 느껴지지 않을 때, 이 세계 너머의 맛이 궁금해질 때 헛제삿밥이 먹고 싶다.

죽음과 함께 있지 않는 삶이 삶이라 할 수 있을까? 죽음의 의미를 지워버린 삶은 진짜 삶이라 할 수 없다. 우리의 삶은 바로 죽음이 앞에 있기에 더욱 진하고 절실하다. 사람들은 모두 몇 백 년을 살기라도 하는 것처럼 의기양양하다. 죽음의 그림자를 마구 지우려고만 한다. 세상의 모든 양념은 죽음의 냄새를 지우기 위한 것인지도 모른다.

제삿밥이 먹고 싶은 시인의 마음은 그러니까 그런 거 아닐까? 우리의 삶에 깊이 깃든 죽음의 맛을 맛보고자 하는 그런 마음. 육신이 떠나고 혼령으로 채워지는 그 심심한 맛, 삶에 깃든 죽음의 맛. 그런 진짜의 삶을 음미해보고자 한 마음이 아닐까?

죽음은 필연적인 수순이다. 삶은 유한하고 유일회적이다. 그래서 삶은 더 절실하고 더 사랑스러워진다. 그런 날일수록 헛제삿밥이 먹고 싶어진다.

| 동파육 |

유배지에서 맛보는 고독의 맛

고독이 사무칠 때 소동파는 요리를 해서 먹었다고 한다. 그는 유배지에서 술을 빚고 차를 제조하고 요리를 만들어 먹었다. 1079년, 그가 쓴 시가 황제를 모욕하고 비방했다는 참소를 받고 넉 달간 감옥에 갇혀 고문을 당하다 항저우로 유배를 떠나게 되었다. 그가 음식을 요리하고 술을 빚은 것은 고독을 달래기 위한 방편이었다. 자기 위안의 방편 말이다.

당시 중국에서 유배는 한곳에서만 머물게 하지 않았다.

여러 곳을 떠돌게 해서 더욱 곤핍함을 느끼게 했다. 항저우로 유배를 가고 다음에는 후이저우로, 다음에는 단저우로 유배를 가야 했다. 이윽고 하이난섬으로 유배를 갔을 때 그의 나이는 예순이 넘었다. 그는 이제 이곳에서 자신의 관을 짜야 하나 탄식했다. 하지만 그는 곧잘 적응해 3년을 버텼다. 마침내 유배가 끝나 그는 창저우로 다시 귀향하게 된 것이다. 그의 나이 예순다섯이었다.

소동파의 본명은 소식으로 북송 사람이다. 시서화에 능했으며 뛰어난 행정가이자 문필가였다. 소식의 이름이 동파가 된 것은 항저우로 유배를 떠났을 때와 인연이 깊다. 처음에 유배를 간 소식은 깊은 시름에 잠겨 은둔했다. 생활은 생계가 어려울 정도로 아주 힘들었다. 친구의 도움으로 항저우 동쪽 성 밖 버려진 땅을 받아 농사를 지었다. 그리고 성 밖에 아예 초가집을 짓고 그곳에서 살았다. 어떤 때는 장기를 두고 시를 쓰고 술을 마시고 요리를 만들어 먹었다. 항저우는 물자가 풍부하고 돼지고기가 많이 나서 가격도 저렴했다. 소동파 또한 돼지고기를 아주 좋아했다.

어느 날 친구와 장기를 두다가 약한 불에 끓이려고 올려놓은 돼지고기를 잊고 말았다. 장기가 끝날 때쯤 고기가 생각나 급히 가보았다. 고기는 타지 않고 짙은 향이 코를 찔렀다. 고기는 불그레해지고 맛은 부드러웠다. 그리고 고소하기 이를 데가 없었다. 소동파는 약한 불에 파, 마늘, 고량주, 갖은 향신료를 넣고 돼지고기를 오래 끓이기 시작했다. 이것이 오늘날 세계적으로 사랑받는 중국 음식인 동파육이 되었다.

> "항저우의 맛 좋은 돼지고기 / 값은 진흙처럼 싸지만 / 부자는 거들떠보지 않고 / 가난한 이는 요리할 줄 모르네 / 적은 물에 돼지고기를 넣고 / 약한 불로 충분히 삶으니 그 맛 비길 데 없어 / 아침마다 배불리 먹네 / 그 누가 어찌 이 맛 알리오." (소동파, 「식저육시食猪肉詩」 중에서)

동파육의 부드럽고 고소한 맛은 오랫동안 혀끝에 맴돌며 머릿속에서 떠나지 않는다. 그 풍요로운 맛은 수천 년 동안 돼지고기를 좋아해온 동아시아 문화권의 무의식과 관련 있다. 동파육 한 점에 고량주 한 잔이면 어떤 삶의 고단함이나

외로움이 내 마음을 두드릴 때

피곤함도 잊을 수 있다.

    소동파는 중앙의 관리로 있을 때 돼지고기를 먹지 않았다. 유배지 항저우에 와서 비로소 싸고 풍미 좋은 돼지고기를 먹게 되었다. 오랜 시간 조려 젓가락으로 집기만 해도 잘 발리고 입에 넣기만 해도 크림처럼 녹아 없어지는 동파육. 그것은 황무지와 같은 유배지에서 억울함과 분노, 허무와 고독을 녹이고자 했던 소동파의 심정을 담고 있는 게 아닐까? 입안에 넣자마자 눈 녹듯 사라지는 것, 그것이 바로 인생의 맛이고 무상의 맛이 아닐까? 그야말로 인생무상인 것이다.

    한번은 어느 대학교 박사논문 심사를 갔을 때였다. 대학 근처 2층 중국집에서 동파육을 먹었다. 돼지고기 기름에 조려진 청경채와 동파육을 나무젓가락으로 집고 있는데 심사하러 온 다른 교수가 내게 물었다.
"동파육이 왜 동파육인지 아시오?"
물론 나는 동파육이 생겨나게 된 이야기를 알고 있었다.
"네, 소동파가 만들어서 동파육이 되었다죠? 그런데

음…… 그냥 맛있으니까 동파육이 아닐까요?"

　인생무상이고 무상이니까 인생이다. 그러나 고독에도 주인 의식을 가질 필요가 있다. 고독을 진정 나의 것으로 만끽해 보아야 생의 맛이 씹힌다. 꿈을 꾸다 가는 것 같은 허위의 삶이다. 맛있는 동파육이 있어 인생이 더 풍미가 있는 것 같다. 고소한 기름기와 독특한 향신료가 입안에서 녹는 육질의 맛, 그 맛이 고독과 허위의 인생의 맛이다.

김밥

나의
안부가
궁금해질 때

　　　　편의점 야간 알바, 장난 아니다. 등록금과 생활비를 벌기 위해 시작한 알바다. 야간 알바를 할 때마다 눈이 벌겋게 되어 그녀는 생각한다. 이곳이 세상의 끝이라고. 술 취한 아저씨가 계산이 맞지 않다고 소리를 지르며 포스기를 박살낼 때 그녀는 생각한다. 이곳이 더 세상의 끝이라고. 유통기한이 지난 김밥을 편의점 구석에서 한 입 베어 물고 그것이 쉬었다는 것을 아는 순간 그녀는 생각한다. 이곳이 더 세상의 끝이라고.

그녀는 약간은 울적했다. 쓰레기통에 뱉은 김밥을 내려다 보았다. 김밥은 그녀의 엄마가 어릴 때 소풍 갈 때 싸주던 음식이었다. 짭짤하면서 고소한 김밥. 노란 단무지에 시금치, 달걀지단, 당근, 햄 등을 넣어 만들어주던 김밥. 김밥을 사이다와 같이 먹던 시절, 그 시절이 그녀에게도 우리에게도 있었다.

가수 자두는 〈김밥〉에서 이렇게 노래한다.

"그래도 우린 하나 통한 게 있어 김밥 / 김밥을 좋아하잖아 / 언제나 김과 밥은 붙어 산다고 / 너무나 부러워했지."

그렇게 좋아하는 김밥. 그런데 대체 그녀에게 무슨 일이 있었던 것인가? 그녀 앞에 왜 쉰 김밥이 놓여 있는 것인가?

우리는 어디로 가는 걸까? 어릴 때 왕자처럼 공주처럼 먹던 김밥이 이제는 1인 가구의 간편식이 되었다. 알바생에게는 공짜로 먹을 수 있는 허드레 식사가 되었다. 은박지에 싸서 걸어가며 끼니를 때우는 한 줄 김밥이 되어버렸다.

외로움이 내 마음을 두드릴 때

지구라는 행성에서 대체 우리가 닿은 곳은 어디인가? 우리는 속도가 너무 빠른 기차를 타고 있는지도 모른다.
"여행 중이니?"
"응, 그래."
"어디로?"
"그건, 나도······."

나도 내 인생의 쉰 김밥을 먹은 적이 있다. 어른의 눈치도 볼 줄 모르고 아부는커녕 몸도 재바르지 못한 나는 대학원 지도교수에게 자주 꾸중을 들었다. 선배는 지방 학회를 갈 때마다 지도교수의 가방과 바바리코트를 손에 든 채 여자화장실에 들어간 지도교수가 나올 때까지 독일 군병처럼 화장실 앞에 서서 대기했다.

후배는 외부 학회 모임이 있을 때마다 지도교수 집까지 가서 항상 가이드를 했다. 비가 오면 절대로 건물 밖으로 나오지 못하게 한 뒤 자신의 차를 건물 앞까지 들이댄 후 현관에 서 있는 지도교수에게 우산을 펼쳐 다가가 에스코트했다. 지도교수의 책을 출간할 때도 그 후배가 모든 것을 주관

했다. 그 후배는 조직의 최고봉까지 올라갔다.

　한번은 전주로 학회를 갔을 때였다. 지도교수가 오랜만에 전주까지 내려왔으니 이 근처 온천에서 하룻밤을 묵고 가자고 말했다. 유부녀인 대학원생 제자들이 울며 겨자 먹기로 어린 자식들을 친정 엄마에게 전화해 맡겼다. 모두 함께 단체로 일박을 하겠다고 했다.

　당연한 조직 문화였다. 나는 갑자기 아이들을 맡길 친정 엄마도 없었다. 시어머니도 없었다. 두 분 다 지방에 계시니까. 남편은 지방 근무 중이었다. 결국 나는 지도교수와 일박을 하지 못하고 서울로 올라올 수밖에 없었다.

　서울로 돌아와 짐을 풀면서 알았다. 올라오는 버스에서 나누어준 김밥이 쉬어 있다는 것을. 은박지 포일을 열자 김밥에서 훅 하고 쉰내가 솟아났다. 그것이 내 인생이란 생각이 들기도 했다. 눈치도 보지 않고 천방지축으로 사는 내게 세상은 끝없이 태클을 걸어왔다. 화를 냈고 욕을 해댔다.

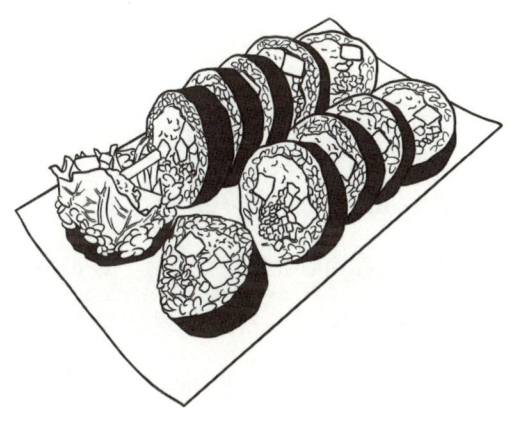

한때 검은 휘장 같은 치마를 입고

고소하고 짭짜름한 맛으로

나의 고독을 위로해주던

참치마요김밥을 떠올리게 될지도 모른다.

친한 선배는 내게 그렇게 살면 안 된다고 충고했다. 조직에서는 끝끝내 하지 말아야 할 말이 있는 거라고. 충성을 다해 모셔야 할 어른들이 있는 거라고. 그리하여 그렇게 하여 어느새 나도 조직에 끝없이 눈치를 보는 사람으로 변해 있었다. 이 세계의 비위를 맞추기 위해 동분서주하고 있는 사람으로 변해 있었다.

그래서 문득, 나는 '나'의 안부가 궁금해질 때가 있다. 너무 오랫동안 타인의 시선과 세상의 눈치만을 보며 살아왔던 게 아닐까 하고. 세상의 속도가 너무 빠른 것은 아닌가 하고. 그 속도에 맞춰가며 숨을 헐떡이고 있는 것은 아닌가 하고.

편의점 창가에서 참치마요김밥을 먹고 있으면 도시 풍경이 낯설어질 때가 있다. 그럴 때 유리창에 비친 나를 보며 묻고 싶어진다. '나는 안녕한가?' 어쩌면 이 모든 어려운 시간이 지나면 우리는 주눅 들지 않고 이 생에 잘 안착했다고 안도할지 모른다. 안도의 한숨을 내쉬게 될지 모른다.

빈틈 많은 나의 존재도 그냥 있는 그대로 받아들여주면

서. 빈틈을 그냥 그대로 내버려두는 것도 나쁘지 않으니까. 꼭 모든 것을 메우며 살 필요는 없는 거니까. 그럴 때는 한때 검은 휘장 같은 치마를 입고 고소하고 짭짜름한 맛으로 나의 고독을 위로해주던 참치마요김밥을 떠올리게 될지도 모른다. 아니 다시 김밥을 우적우적 씹으며 '파이팅!'을 외치고 있을지도 모른다.

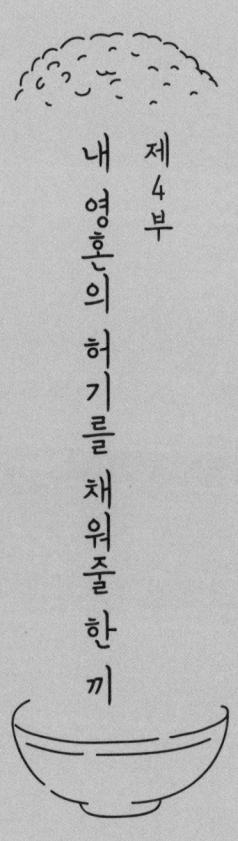

제4부 내 영혼의 허기를 채워줄 한 끼

| 양배추샌드위치 |

아삭아삭
내
인생

임순례 감독의 영화 〈리틀 포레스트〉에서 혜원은 공무원 시험에서 낙방해 고향으로 돌아온다. 영화는 고향 친구들과 함께 농사를 짓고 마당에서 가꾸던 채소로 직접 요리를 해먹는 과정을 보여준다. 도시 빌딩 사무실 속에서 밤인지 낮인지, 여름인지 겨울인지도 모른 채 살아가는 도시인에게 영화는 잊고 있던 모든 감각적인 것을 불러 모은다. 캐고 씻고 썰고 끓이고 씹고 삼키는 모든 과정을.

편의점 알바를 하며 유통기한이 지난 삼각김밥을 먹으며

학원을 다니던 혜원은 고향에 왜 돌아왔냐고 묻는 친구에게 말한다. "배가 고파서." 믿을 수 없었다. 하지만 혜원은 물리적으로 진짜 배가 고팠다.

혜원은 고향집으로 돌아오자마자 계속해서 음식을 만들어 먹기 시작한다. 겨울에는 배추전에 배춧국, 봄에는 봄나물 파스타, 여름에는 냉콩국수, 가을에는 팥시루떡, 다시 겨울이 오자 막걸리를 빚기 시작한다. 그러나 뭐니 뭐니 해도 식욕을 돋우는 것은 겨울을 단단하게 이겨낸 봄 채소들이다.

겨울을 이겨낸 양파와 양배추는 씹을수록 달고 맛나다. 혜원은 양배추를 얇게 채 썰고 닭이 낳은 달걀을 가져다 삶고 찧는다. 이 모든 것을 마요네즈로 버무린다. 그렇게 해서 완성된 양배추샌드위치. 혜원이 양배추샌드위치를 한 입 베어 씹는다. 아삭아삭, 그것은 인간이 이 세상과 이 대지와 가장 가깝게 접속하고 있다는 접선 신호 같다.

인간이 씹는 즐거움을 알게 된 것은 언제부터일까? 인간은 뭔가를 씹으면서 삶의 진정한 쾌감을 알게 된다. 씹으면

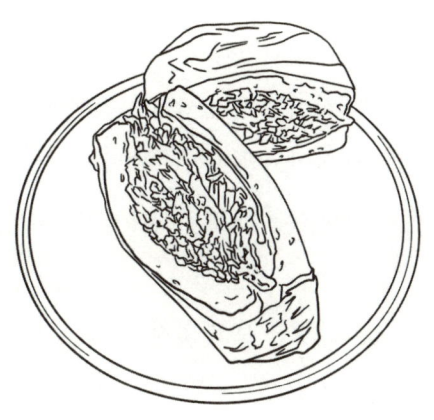

백지 같은 어린아이의 본능으로
양배추샌드위치를 씹어본다.
아삭아삭,
상쾌하고 가벼운 발걸음 소리.

서 세상의 맛을 알게 되고 음식의 쫄깃한 이치를 알게 된다.

식당에서 두 돌이 막 지난 듯한 여자아이를 본 적이 있다. 핑크색 원피스를 폼 나게 입고 양쪽으로 머리를 묶고 있었다. 엄마처럼 보이는 젊은 여자가 아기 의자에 앉은 아이의 입에 닭고기를 찢어서 후후 불어 입안에 넣어주었다. 그러자 아이는 마냥 씹기 시작했다. 그 누가 씹는 것을 가르쳐주지 않았지만 아이는 맹렬히 씹었다. 이제 막 나기 시작한 참외씨 같은 조그맣고 흰 이로 아이는 뭐든 씹을 것 같다.

그것을 보고 있자니 생에 대한 맹렬한 희열감이 솟구쳐 올랐다. 씹는다는 것은 살아 있는 모든 것의 생존 본능이다. 살고자 하는 욕망이다.

백지 같은 어린아이의 본능으로 양배추샌드위치를 씹어본다. 아삭아삭, 상쾌하고 가벼운 발걸음 소리. 그것은 거룩한 하늘 위로 뾰족한 혀를 내밀듯 올라오는 봄의 정령을 맞아들이는 소리 같다. 생명과 접선하는 소리인 것만 같다.

양배추샌드위치를 씹다보면 다시 어린아이로 돌아가 '씹는' 그 자체의 쾌감을 되찾을 것 같다. 어떤 상념이나 걱정도 없이 오직 '씹는' 그 자체의 즐거움을 찾을 것 같다. 온전히 맛의 기쁨을 아는 어린아이가 될 것 같다.

그러니까 알 것 같다. 철학이니 이데올로기니 윤리니 하는 것이 생을 구원하는 것이 아니라는 것을. 가장 감각적인 것, 물리적인 것이 생을 구원한다는 것을. 끝없이 누군가에게 인정받기 위해 버둥거리느라 나를 잊고 있었다. 아삭아삭 씹고 있으면 누군가의 요구와 누군가에 대한 책임 때문에 방치해두었던 나를 다시 만나는 기분이랄까. 진정한 나와 접선하는 기분이랄까.

| 가자미미역국 |

혼자여도
함께 있는
친구

혼밥의 시대를 살고 있다지만, 혼밥의 원조는 1930년대 말 시인 백석이었다. 이때는 중일전쟁이 막 끝난 무렵, 본격적으로 제국주의 전쟁에 돌입하던 시기다. 당시 격렬한 전쟁의 전초기지였던 조선에서 피식민 지식인 청년으로 살아야 했던 백석이 그토록 음식에 대한 시에 연연했다는 것은 이해되기도 하고 이해되지 않기도 한다.

'명태 창난젓'을 소재로 한 시「북관」, 함경도 고향 음식인 메밀냉면을 노래한 시「국수」, 명절 전날 밤 만들어 먹던 송편을 그리워하는 시 「고야」……. 그중에서도 백석의 순수하고 고결한 정신을 보여주는 시는 「선우사膳友辭」다.

"낡은 나조반에 흰밥도 가자미도 나도 나와 앉아서 / 쓸쓸한 저녁을 맞는다 // 흰밥과 가자미와 나는 / 우리들은 그 무슨 이야기라도 다 할 것 같다 / 우리들은 서로 미덥고 정답고 그리고 서로 좋구나."

함주咸州 바닷가에 반찬이라고는 가자미 하나밖에 없다. 이 소박한 식사에 백석은 조금도 외롭지 않다고 노래한다. 가난해도 서럽지 않다고 노래한다. 가자미와 흰밥이 함께 있기 때문이다. '선膳'은 반찬을 '우友'는 친구를 뜻한다. '흰밥과 가자미와 나'는 친구다. "우리들이 같이 있으면 세상 같은 건 밖에 나도 좋을 것 같다"란다.

격동적인 전운戰雲의 시대에 시인은 어떻게 마음의 평온을 맑게 지켜냈을까? 제국주의적인 폭력과 야만 속에서 정치적 속박에 놓인 조선인으로서 시인은 어떠했을까? 시인은 자기도취의 초탈을 선택한 것일까? 단순히 자기 정당성을 찾기 위한 현실도피로만 볼 수는 없다. 시인은 '흰밥과 가자미와 나'는 욕심이 없어 희어졌다고 노래한다. 너무나 정갈하고 초연하기에 함께 있으면 "세상 같은 건 밖에 나도 좋"다고 노래한다. 마음이 초연해지고 풍성하기만 하다고 노래한다.

시인은 절체절명의 일제 말기, 흰빛으로 대표되는 욕심 없는 초연함과 순백의 마음을 조선 백성에게서 찾고자 한 것은 아닐까? 시인은 홀로 밥상 앞에 앉았어도 함경도 고향 사람들을 떠올리며 흰밥과 가자미가 친구처럼 정다웠을 것이다.

미역국 하면 시골에 있는 시어머니가 떠오른다. 평생 농사를 짓던 땅과 집터에 저수지가 들어서게 되었다. 어쩔 수 없이 이사를 하게 되었다. 그곳은 고향 근처 예천 호명면이었다. 새로 알게 된 이웃들은 예천 하리면(지금의 은풍면)에서 함께 살았던 이웃들과는 사뭇 달랐다. 똑같이 사시사철 농사를 짓는 나이 든 노인들이었다. 하지만 이분들은 하리면의 이웃보다 정이 더 많고 배려심도 더 많았다. 특히 시댁

내 영혼의 허기를 채워줄 한 끼

바로 뒷집에 사는 노부부는 정이 많았다. 정이 많은 것이 시어머니의 심기를 불편하게 했다.

시어머니는 내가 시골에 갈 때마다 자신의 영감도 아닌데 뒷집 영감 이야기를 그렇게나 많이 했다. 뒷집 영감이 뒷집 할멈을 그렇게 챙기며 보살펴준다는 것이었다. 할멈이 다칠까봐 걱정하고 아프면 갖은 정성을 다해 간호해준다는 것이었다. 어느 날은 할멈의 생일인데 미역국을 다 끓여주었다고 한다.

평생을 손끝 하나 까딱 하지 않는 것을 경상도 양반의 혈통처럼 여기며 해준 것 없이 가부장적 권위를 누리며 호통이나 치던 당신의 영감을 생각하면 몹시 부럽기도 하고 속이 상하기도 한 것이다.

뒷집 영감 때문에 생일에 당신의 영감이 직접 끓여주는 미역국을 먹는 것이 평생소원이 되어버렸지만, 시어머니는 결국 그 소원을 이루지 못했다. 시아버지는 미역국을 끓여주기는커녕 시어머니가 무릎 수술을 하러 서울에 가는데도 시어머니가 없을 동안에 자신의 밥 걱정 때문에 전전긍긍했다.

피는 못 속이는지라 나도 미역국을 얻어먹을 일은 눈곱만큼도 없을 것이다. 농담처럼 '생일에 남편이 끓여주는 미역국 이야기'를 꺼냈다가 국물도 없다는 답변 비슷한 것을 들은 적이 있다. 그런데 나는 시어머니와 다르다. 남에게 자꾸만 내 편이 되어달라고 요구할 게 뭐람. 세상에 모든 사람은 각자 자기편인 거지.

세상에서 가장 소중한 나를 위해 생일에 미역국을 끓인다. 물에 불린 미역을 참기름에 볶는다. 고소한 참기름내가 올라오면 가자미와 물을 넣고 푹푹 끓인다. 미역국이 끓는 30분 동안 나는 행복할 것이다. 가만히 생각해보면 나 자신만을 위한 음식을 정성을 다해 요리해본 적이 없었다. 지금껏 누군가를 위한 식탁만을 준비해오지 않았는가?

식탁 위에 뜨겁게 고아진 가자미미역국을 올려놓는다. 미역국 안에 가자미가 납작하게 누워 있다. 말간 눈으로 나를 쳐다보고 있다. 음식이 친구가 될 수 있다는 것을 가르쳐주는 가자미미역국. 가자미에게 말을 건네면 다정하게 가자미는 내게 말을 건네온다. 혼자 먹는 소박한 식탁에서도 가자미가 있어 외롭지 않다. 친구 같은 가자미미역국으로 나는 온전히 행복할 수 있다.

| 와인 |

내
마음이
익어갈 때

아기 다다시의 만화 『신의 물방울』
은 와인 애호가들에게는 경전 같은 책이다. 이 만화는 맥주 회사 영업 사원이며 단 한 번도 와인을 마셔본 적이 없는 간자키 시즈쿠가 최고의 와인 소믈리에가 되어가는 과정을 다루고 있다. 세계적으로 유명한 와인 평론가였던 아버지 간자키 유카타는 유언을 남긴다.

"12병의 위대한 와인과 1병의 신의 물방울이라 불리는 환상의 와인을 1년 안에 맞히는 자에게 전 재산을 물려주겠다."

아들 시즈쿠는 과연 이 미션을 성공할 수 있을까? 뜨거운 태양 아래 포도가 익어가고, 지하실 저장고에서 와인이 숙성되어가고, 시즈쿠가 자아에 눈을 떠간다.

포도는 예부터 신의 과일로 알려져왔다. 포도를 인간에게 가져다준 신은 디오니소스다. 사람들은 포도를 재배해 포도주를 담갔다. 그래서 디오니소스는 포도주의 신이고 축제의 신이다.『신의 물방울』에서 와인은 인생의 모든 열락 혹은 신을 체험할 수 있는 그 무엇으로 비유된다.

와인 한 모금을 입안에 머금어보라. 강하고 고집스런 타닌의 텁텁함, 그러면서 확실하게 남는 신맛의 과일향. 디캔팅을 하듯 글라스에 따르면 공기에 닿아 향이 더욱 짙게 퍼지며 만들어지는 수백 송이의 꽃향기. 한 모금 목으로 넘길 때 느껴지는 숙성된 향의 부드러움과 기분 좋은 뜨거움. 그야말로 와인 평론가의 말대로다.

"하늘의 은혜를 한껏 받은 대지의 강인함이 영원한 잠에서 눈을 뜹니다."

내 인생에서도 뜨거운 와인 한 모금의 기억이 남아 있다. 박사과정 때 논문을 남겨두고 있던 학기, 남편은 지방 근무였고 시댁과 친정 부모님은 아무도 서울에 없었다. 그런데 다섯 살과 두 살 아이를 도우미 아주머니에게 맡기고 시간강사로 지방대학을 전전해야 했다.

도서관에서 논문을 쓰다 오후 5시가 되면 짐을 후닥닥 쌌다. 버스가 늦어져 6시에서 조금이라도 늦게 집에 도착하는 날에는 도우미 아주머니가 불같이 화를 냈기 때문이다. 나는 박사논문을 쓰고 시간강사를 하느라 녹초가 되어 있었지만, 저녁에는 어린아이들을 보살펴야 했다. 매일매일 울었고 하루하루가 끔찍했다.

한번은 강원도 원주에 있는 대학에 강의를 가기 위해 새벽에 집을 나섰다. 방에서 자고 있던 첫째 아이가 깨어난 모양이다. 나를 부르는 소리가 들렸다.

내 영혼의 허기를 채워줄 한 끼

"엄마, 엄마……."

아이는 나를 찾아 아파트 현관문을 열고 나오려는 듯 현관문 손잡이를 흔들어댔다.

5층 엘리베이터 앞에 서 있던 나는 결정을 해야 했다. 우는 아이를 안아주며 다시 집 안으로 들어가면 강의에 늦을 것이다. 우는 아이를 남겨두고 뛰어가면 수업 시간에 겨우 도착할 것이다. '조금만 있으면 도우미 아주머니가 올 텐데…….' 내 머릿속은 지옥 같았다. 시간강사를 그만두면 도우미 아주머니에게 월급도 드릴 수 없다. 시댁에 돈도 보내 드릴 수 없다.

나는 엘리베이터 타기를 포기했다. 그 대신 계단으로 뛰어 내려가기 시작했다. 계단을 달음박질치듯 내려가는 내 귀에 곧이어 아파트가 떠나갈 듯 우는 아이의 울음소리가 들려왔다. 자지러지게 우는 울음소리였다.

그날 밤 늦게 집으로 돌아오니 어린아이들은 자고 있었다. 울다 잠들었는지 잠 속에서도 몸을 부르르 떨었다. 나는 어린아이들을 하나씩 가만히 안아주었다. 아기 살냄새가 콧속으로 파고들었다. 보드라운 냄새였다.

　나는 살금살금 거실로 나와 식탁에 앉았다. 싱크대 아래 숨겨두었던 와인 한 병을 꺼내 와인 한 잔을 마셨다. 약간의 눈물을 글썽거렸던가? "뭐, 이런 인생이 다 있어!" 하면서 내 인생을 욕해주었다. 삶은 왜 이렇고 우리네 형편은 왜 이런지…….

　익어간다는 것은 무슨 뜻일까? 여름의 포도나무가 황금빛 태양 아래서 온 힘으로 온몸으로 나아간다는 뜻은 아닐까? 길 없는 허공에 온 힘을 다해 가지를 뻗어보는 나무들처럼. 온갖 벌레와 싸워가며 짙은 보랏빛 송이를 맺어가는 것처럼. 뜨거운 여름을 보내며 백 가지 향을 만들어내기 위해 포도나무는 본래의 자기를 죽였을지 모른다. 지하실 저장고의 눅눅한 습기와 서늘함을 견뎌야 했을지 모른다.

　와인을 마실 때마다 그 뜨거운 기억들이 떠오른다. 그래서 와인을 신이 내린 놀라운 기적의 맛이라 단순히 말할 수 없다. 오랜 시간 익어가는 것을 견딘 맛이랄까? 그러니까, 삶은 '견딤'이고 그렇게 견디면서 '익어가는 것'이란 사실을 나는 안다.

짜
장
면

나를
쓰다듬어주고
싶을 때

　　　　　　이해준 감독의 영화 〈김씨 표류기〉
는 카드빚으로 한강에 투신해 자살을 시도한 남자 김씨가
밤섬에 표류하면서 이야기가 시작된다. 자살까지 생각했던
남자 김씨는 밤섬에서 야생의 생존법을 익혀간다. 그러다
한강물에 떠밀려온 짜장소스 한 봉지를 발견하고 처음으로
다시 살아야 할 인생의 목표를 갖게 된다.

　어릴 때 그토록 맛있게 먹었던 짜장면을 자기 손으로 직
접 만들어보는 것이다. 여자 김씨가 거금 10만 원을 들여 배

내 영혼의 허기를 채워줄 한 끼

달시킨 짜장면도 거부한 채. 짜장면은 그에게 삶에 대한 유일한 희망이며 목표가 된다. 서민들의 주 외식 메뉴, 엄마가 싫다고 하셨던 짜장면, 학창 시절 졸업식 날이면 으레 먹던 짜장면.

어린 시절 특별한 날에는 짜장면을 먹었다. 빨간색으로 도배가 된 동네 중국집이었다. 원탁 테이블 중앙에 탕수육이 놓이면 젓가락이 마구 바빠진다. 하지만 이 모든 식사의 화룡점정은 짜장면이다. 짜장면은 중국 음식의 알파이자 오메가, 처음이자 마지막이다.

갈아넣은 돼지고기의 고소한 기름기와 양파의 아삭한 맛이 짜장소스와 함께 입안으로 밀려들어 온다. 짜장면은 유년의 모든 기억이며, 모든 행복의 절정이고, 어릴 때 먹는 음식의 끝판왕이다. 짜장면은 모든 맛을 무력화할 만한 맛의 쾌락인 것이다.

지금은 짜장면이 라면만큼 흔해졌다. 하지만 유년의 모든 시간이 그리워질 때 짜장면이 먹고 싶다. 저 시간의 잔인

한 불가역성에서 뛰어내려 유년으로 돌아가 짜장면이 먹고 싶다.

세상의 모든 신기하고 재미있고 유쾌한 감각이 묻어 있던 짜장면에 대한 기억. 초등학교와 중학교와 고등학교 졸업식, 인생에서 통과의례가 있을 때마다 짜장면은 희망처럼 어두운 빛을 기름지게 뿜어내며 입안을 고소하게 감싸주었다.

영화 〈김씨 표류기〉에서 남자 김씨가 새가 싸고 간 똥에서 옥수수 씨앗을 찾아내고 그 씨앗을 밭에 심어 옥수수를 수확하고 그 옥수수를 맷돌에 갈아서 치대서 밀어서 썰어서 면발을 만드는 과정은 우리에게 희망이 무엇인지를 보여준다. 그렇게 일군 희망이 잠시 꾸어본 몽상이라 할지라도 우리에게는 희망이 필요하다. 잠시 꾸어본 가짜 희망이라 할지라도…….

희망을 향해 나아가는 진지한 한 걸음이 있어 남자 김씨는 패배한 것이 아니다. 삶은 인간을 패배시킬 수 없다. 희망

짜장면은 유년의 모든 기억이며,

모든 행복의 절정이고,

어릴 때 먹는 음식의 끝판왕이다.

이 있는 한…….

내게도 희망이 필요했던 때가 있었다. 서른 초반, 미래는 불투명하고 현실은 피폐할 만큼 피곤했던 시절이었다. 남편과 심하게 다퉈 설명할 수 없는 절망감으로 혼자 집을 나선 적이 있었다. 탄력 있는 공처럼 중력을 가볍게 튕기며 살고 싶었는데, 지구의 중력은 그날따라 나를 심하게 내려누르고 있었다. 이미 시간은 깊은 밤이었다. 하지만 어디도 어느 곳도 갈 수 없었다. 그것을 깨닫는 데는 많은 시간이 필요치 않았다.

나는 애마 빨간 아반떼를 몰고 경부고속도로로 들어섰다. 새벽의 고속도로는 한적했고, 차는 별로 없었다. 아반떼는 시속 100킬로미터를 넘고 있었다. 조금 열어둔 창으로 세찬 바람 소리가 들려왔다. 참을 수 없는 분노를 바람 속에 떠넘겨버리며 어느 고속도로 휴게소에 차를 세웠다.

산을 면하고 있던 휴게소에 내려 저 너머 산을 향해 미친 듯이 소리를 질렀다. 내 지독한 외로움이 누군가에게 SOS

신호를 보내고 있었는지 모른다. 그때, 어디선가 내 신호에 응답을 해오는 듯한 소리가 들렸다.

휴게소 건물 옆 종이박스를 쌓아두는 구석이었다. 길고양이였다. 잔뜩 긴장한 채 갸르릉 소리를 내고 있었다. 자세히 보니 이제 막 새끼들을 낳은 어미고양이였다. 늦가을 선선한 날씨 속에서 어미고양이가 제 새끼들을 혀로 핥아주고 있었다. 순간 뭔가 울컥하고 뜨거운 것이 올라왔다.

그날 어디에서 차를 돌렸는지 모르겠다. 그렇게 다시 집으로 돌아왔을 때 집 안은 고요했다. 남편도 아이들도 모두 잠들어 있었다. 절망을 희망으로 돌리기까지, 남쪽으로만 향하던 차를 다시 집으로 되돌리기까지 내게도 용기가 필요했다.

자기 스스로 만들어내지 않으면 희망도 희망이 될 수 없다. 누군가 내 손에 그냥 쥐어준 것은 진짜 희망이 될 수 없다. 그것을 내 것으로 만들기 위해 얼마나 많은 땀을 흘려야 할까? 밭에 씨를 뿌려 수확한 열매를 갈아서 치대고 밀고 썰어서 면발을 만들고 짜장소스로 버무려야 하는 지난한 과정을 알아야 한다. 희망과 절망은 '망'이란 글자를 두고 둘이 서로 등을 맞대고 앉아 있는 것만 같다. 나는 그날 밤 고속도로에서 집을 향해가면서 그렇게 생각했다.

> 만두

왕만두만 한
복이
올 거야

장이머우 감독의 영화 〈인생〉은 위화의 소설 『인생(원제 활착活着)』을 영화화했다. 1940년대 푸구이는 지주의 아들로 태어나지만, 도박으로 집을 날린다. 그 충격으로 아버지가 급사하고 아내와 자식이 떠난다. 거부에서 완전 빈털터리가 된 푸구이는 친구들을 모아 그림자극을 하고 중국 각지를 방랑하며 근근이 생계를 유지해나간다.

그가 다시 아내와 자식을 만나지만 국공합작, 공산혁명, 문화대혁명이라는 중국의 거대한 역사 속에 휘말리게 된다.

마오쩌둥의 대약진운동이 전개되면서 학생 소집에 동원된 어린 아들이 당위원장 트럭에 부딪쳐 무너진 담벼락에 깔려 죽고 만다. 문화대혁명의 상황 속에서 홍위병과 결혼한 벙어리 딸 역시 출산 도중 과다 출혈로 아들을 낳다 죽는다. 문화대혁명 때 능력 있는 의사들이 모두 반동분자로 숙청되면서 병원에 유능한 의사가 없었기 때문이다.

　역사란 개인의 삶을 집어삼키며 앞으로 나아간다. 역사는 인간의 야비한 욕망을 먹고 자란다. 격동의 중국 현대사의 비극 속에서 이제 늙은 푸구이와 늙은 그의 아내는 새해가 되어 만두를 빚는다. 손자의 이름을 '만두'로 짓고 손자와 사위와 함께 죽은 딸의 무덤에 찾아가 딸이 좋아하던 만두를 가져다 놓는다.

　중국 사람들은 새해 첫날 만두를 먹는다. 만두를 일컫는 교자는 갱세교자更歲餃子라는 말에서 왔다. 갱세교자는 해가 바뀌는 자시(밤 11시~새벽 1시)라는 의미다. 만두는 여러 모양이 있지만 대개 둥글게 빚는다. 옛날 금이나 은으로 만들어진 화폐 모양을 본뜬 것이다. 화폐, 즉 부富에 대한 강한 열

만두는 우리 인생에 대한 비유다.

어떤 인생이든

누추하거나 찌질하지는 않다.

망을 가진 중국인들의 특징을 보여준다. 새해 벽두에 만두를 먹음으로써 재화의 복을 받고자 했다.

둥근 만두 속에 무엇이 들어 있는지 아무도 알 수가 없다. 새로운 한 해에 어떤 새로운 희망이나 새로운 절망이 기다리고 있을지 모른다. 그러나 분명한 것은 새해가 되면 둥글고 탐스러운 만두처럼 모든 사람은 복을 기원한다.

사람들은 복 받기를 원한다. 복에 대한 희원希願. 삶은 수많은 우연으로 이루어져 있고 그 우연을 열심히 살아가다보면 필연을 만나게 된다는 믿음이 아닐까? 복을 기원하는 것은 운명을 다시 잘 살아보고자 하는 연약한 인간의 가련한 열망이다. 우연이라는 희망에 의해 삶이 이루어진다는 것을 이미 알고 있는 것이다.

푸구이에게 닥친 모진 운명이 그의 인생을 할퀴고 지나갈지라도 그는 복을 기원하며 삶을 '견디는 것'이다. 푸구이는 손자에게 말한다. 손자가 키우는 병아리가 닭이 되고 거위가 되고 거위가 소가 되고 소가 다시 기차나 비행기가 될

내 영혼의 허기를 채워줄 한 끼

때까지 다 함께 서로를 끌어안고 사는 거라고. 그렇게 묵묵히 사랑하고 견디는 것이 삶이다.

그러니까 만두는 우리 인생에 대한 비유다. 어떤 인생이든 누추하거나 찌질하지는 않다. 인간은 복을 소망하며 모진 운명을 견디고 견딤으로써 위대하며, 살아감으로써 강한 것이다. 만두는 그런 진실을 담고 있는 음식이다.

> 팥빙수

한여름에
만나는
눈사람

윤종신의 2001년 앨범 《그늘》에 수록된 노래 〈팥빙수〉는 유쾌한 장난기로 가득하다.

"빙수야 팥빙수야 싸랑해 싸랑해 / 빙수야 팥빙수야 녹지 마 녹지 마."

뜨거운 여름을 이기기 위해서는 차가운 겨울을 상상하는 것이 최고다. 크리스마스 때의 하얀 눈과 캐럴과 밤거리의 흥성스러움을 상상해내는 것이다.

내 영혼의 허기를 채워줄 한 끼

무더운 여름에 맞이하는 하얀 크리스마스트리. 그것이 하얀 얼음가루가 산처럼 쌓인 빙수다. 커다란 빙수 한 그릇을 앞에 둘러치면 화이트 크리스마스가 돌아온 것만 같다. 색색의 식용물감에다 미숫가루, 찰떡, 연유, 프루트칵테일로 장식한 빙수. 여기에다 팥이나 아이스크림, 망고, 녹차가루 등이 들어가 빙수 종류가 결정된다.

빙수의 역사는 얼마 되지 않았다. 19세기 말 일찌감치 개항한 일본을 통해 제빙 기술이 들어왔다. 잡지 『별건곤』(제22호, 1929년)에 의하면 빙수는 키스의 맛이라 쓰여 있다. 사랑하는 사람의 부드러운 혀끝 맛이라고 쓰여 있다.

"빙수에는 바나나물이나 오렌지물을 쳐 먹는 이가 있다. 하지만 얼음 맛을 정말 고맙게 해주는 것은 새빨간 딸기물이다. 사랑하는 이의 보드라운 혀끝 맛 같은 맛을 얼음에 채운 맛! 옳다, 그 맛이다.······경성 안에서 조선 사람의 빙수집치고 제일 잘 갈아주는 집은 내가 아는 범위에서는 종로 광충교(지금의 광교) 옆에 있는 환대상점이라는 조그만 빙수점이다."

1920년대는 모던 걸과 모던 보이가 먹던 식용색소 가득한 빙수가 인기였다. 그와 달리 1970~1980년대는 수박화채가 인기였다. 얼음집에서 새끼줄로 묶은 얼음을 사와 집에서 망치와 바늘로 얼음을 깨서 수박화채를 만들어 먹었다. 카페 '밀탑'이 있기도 했지만, 그곳의 빙수는 너무 비쌌기 때문이다.

    20세기 초 서구적 낭만과 문명의 맛이던 빙수는 21세기 인류 앞에서는 환상적 동화의 세계가 되었다. 이름하여 눈꽃빙수. 숟가락만 대도 보드라운 얼음가루가 흘러내릴 것 같다. 눈꽃빙수 앞에서 남녀노소 모두 어린아이가 된다. 눈雪에는 어린아이의 천진한 낭만과 장난기가 숨겨져 있기 때문이다. 눈사람과 눈싸움과 눈썰매의 기억이 있다.

    빙수 한 숟가락에 입안이 알싸한 겨울이다. 입안 혀가 얼얼해진다. '얼얼한 마비'가 현재의 무거운 책임과 현실을 순간적으로 잊게 한다. 순간 내 앞에 숨어 있던 '내면의 아이'가 깨어나는 것 같다.

내 영혼의 허기를 채워줄 한 끼

어느 여름, 나는 친구와 팥빙수를 잘한다는 베이커리 카페에 갔다. 사람들이 꽤나 많은 시끄러운 카페였다. 팥빙수를 함께 먹는 친구의 목소리조차 잘 들리지 않을 정도였다. 그 소음에 나는 살짝 짜증이 올라오려 했다. 그런 표정으로 주위를 둘러보았다. 그러다 흥미로운 장면을 목격하게 되었다.

어느 테이블에 젊은 남녀 넷이 팥빙수를 먹고 있었다. 그들의 대화가 실로 흥미로웠다. 그들은 양손과 입 모양을 사용해서 대화를 하고 있었다. 수화였다. 그들은 농아였다. 팥빙수를 먹으며 다들 어린아이같이 즐거워 죽겠다는 표정이었다. 양손을 아주 빠른 속도로 움직이는 것이 그들의 흥겨움을 읽게 해주었다.

비장애인이 대화할 때 상대가 말이 많거나 나와 의견이 다르면 상대의 말을 끊고 말을 한다. 한 남자가 자신의 이야기를 끝없이 하자 맞은편에 앉은 한 여자가 그 남자의 팔을 치더니 자신의 양손과 입으로 수화를 하기 시작했다. 시끄러운 카페에서 팥빙수를 먹으며 시끄러운 세상의 소음을 끄는 모습. 자신들의 이야기를 하며 행복해하는 모습. 가장 수

다스럽고 행복한 대화처럼 보였다.

  팥빙수를 먹으며 다시 동심으로 돌아갈 수 있다면, 누가 뭐라고 하든 남의 시선을 의식하지 않고 재잘거리며 웃을 수 있다면, 보는 것마다 호기심 천국이라 흥분할 수 있다면, 현재와 미래에 대한 쓸데없는 고민과 두려움 없이 온전한 유치함으로 깔깔댈 수 있다면, 우리는 행복할 수 있을 것 같다. 그러니까 행복은 목표가 아니라 발견이다.

> 차

당신의
한가로움을
찬양하라

　　　　　밖은 눈 오는 소리로 가득하다. 노인이 기거하는 오두막에는 자작나무 장작불이 붉게 피어오른다. 노인은 무시로 인동차를 마시고 있다. 겨울밤 풍설風雪 소리가 더욱 사나워질수록 노인은 더욱 자기만의 고요를 찾을 수 있다. 외부의 환란이 심각해질수록 사람들은 자신의 마음을 가지런히 정돈하고 싶은지 모른다. 애써서 한가로움의 평화를 누리고 싶은지도 모른다.

　　1938년 중일전쟁 이후 일제의 탄압은 도를 넘어서고 있었다. '쓰기와 읽기 언어'로서 조선어 자체를 말살하려는 압제가 극에 달했던 1930년대 말, 정지용은 탄압을 피해 산으로 들로 도망 다녔다고 고백한다. 정지용의 시 「인동차」는 세상을 등진 채 속세를 초탈하고자 하는 정신의 세계를 그리고 있다.

"노주인의 장벽에 / 무시로 인동 삼긴 물이 나린다 // 자작나무 덩그럭 불이 / 도로 피어 붉고 // 구석에 그늘 지어 / 무가 순 돋아 파릇하고 // 흙냄새 훈훈히 김도 서리다가 / 바깥 풍설 소리에 잠착하다 // 산중에 책력도 없이 / 삼동이 하이얗다."

하긴 이 시끄러운 세상에서 나도 나의 고요와 나의 집중을 찾을 수가 없다. 오직 소음과 소란 천국에서, 나도 모르는 욕망에 그르렁거리며 허덕이고 있을 뿐이다. 어쩌면 그래서 세상에 수많은 차茶가 생겨났는지 모르겠다.

영국인들은 '애프터눈 티tee'까지 만들어가며 오후의 여유를 즐기려 했다. 거스를 수 없이 흘러가기만 하는 시간을

내 영혼의 허기를 채워줄 한 끼

잠시 정지시켜보려는 안간힘 아닐까? 차 마시는 시간, 비로소 따뜻한 시간, 차 한 잔이 내 목구멍 속으로 넘어간다. 세상과 문명에 너덜너덜해진 영혼에 온기가 돈다. 흘러가버린 '나의 풍경'이 보이는 것도 같다.

소설가 마르셀 프루스트에게 차는 '기억을 부르는 음료'였다. 지루한 하루가 지나갈 무렵, 류머티즘에 시달려 밖에 나가지도 학교에 가지고 못하고 침대에 계속 누워 있어야 했던 어린 소년은 어머니가 가져다준 라임 꽃차를 마시며 마음의 위안을 찾았다.

콩브레 시절, 주일 아침 레오니 고모가 주시던 홍차와 마들렌 과자는 또 얼마나 놀라운 맛인가? 어른이 된 그는 홍차가 입에 닿는 순간 온몸에 전율을 느낀다. 알랭 드 보통은 이것을 '프루스트적인 순간'이라고 표현했다.

영국인에게는 홍차가 있고 미국인에게는 커피가 있다. 중국인에게는 보이차과 우롱차, 일본인에게는 녹차가 있다. 한국인에게는 국화차, 쑥차, 대추차가 있다. 부드럽고 빽빽

한 잔디 위에 그림자가 길게 드리워지기 시작하는 순간, 대낮의 햇빛이 풀리기 시작하는 순간, 대기가 한껏 향기로워지는 시간, 영국의 귀족들은 오후의 차를 즐기며 한가로움을 뽐냈다.

바쁜 일상을 물리고 차를 마시며 서가의 책이며 벽에 걸린 그림들을 둘러보는 시간. 한 잔의 차가 몸과 마음을 후끈하게 해준다. 코끝에 스미는 은은한 향기는 덧없는 삶의 저너머 영원불변한 것에 대한 그리움을 자아낸다. 그것이야말로 한가로움의 극치다. 신의 선물이다.

밀란 쿤데라는 한가로움과 빈둥거림을 대비하며 이런 말을 한다. "한가로움을 누리는 이들은 신의 창을 관조하고 있다." 신의 창을 관조하는 자는 따분하지 않다고 말한다. 그들은 행복하다. 그러나 빈둥거리는 자는 낙심한 자요 따분해하는 자라고 말한다. 자기에게 결여된 뭔가를 끊임없이 찾고 있는 사람이다.

차 한 잔을 마시며 지금 앉아 있는 의자의 방향을 조금만 돌려 앉으면 다른 세계가 열릴지도 모른다. 다른 지평선이 펼쳐질지도 모른다. 어쩌면 진정한 한가로움을 찾게 될지도 모른다.

| 초콜릿 |

내 인생도
반짝일 때가
있었다

인생은 수많은 우연의 연속일까? 어쩌면 우연을 가장한 필연인가? 아니 수많은 우연의 씨실과 날실이 서로 겹치고 엉키면서 필연이라는 인생을 만들어내는 것인지도 모른다.

로버트 저메키스 감독의 영화 〈포레스트 검프〉에서 검프는 아이큐 75밖에 되지 않는다. 척추에도 장애를 갖고 있다. 엄마와 교장의 밀약으로 정상인 공립학교에 들어갔지만, 늘 짓궂은 친구들에게 놀림을 당해야만 했다. 그러나 검프는

내 영혼의 허기를 채워줄 한 끼

친구들의 놀림을 피해 달리다 미식축구 선수가 된다. 달리고 달리다 베트남전쟁의 영웅이 된다. 친구와의 약속을 지키기 위해 원양어선을 타고 갑부가 된다.

검프에게 무슨 일이 일어난 것일까? 처음부터 계획된 의도란 아무것도 없다. 삶이란 전혀 의도치 않은 화살촉과 같다. 예상치 않은 어딘가로 질주하는 말과 같다. 엄마는 어린 검프에게 인생은 초콜릿 상자와 같다고 말한다.

"얘야, 인생은 초콜릿 상자와 같아서 무엇을 집을지 아무도 모른단다. 어떤 초콜릿엔 아몬드가 어떤 것엔 요구르트가 어떤 것엔 럼주가 들어 있을 수도 있단다."

그렇다면 인생이란 벌판은 수많은 우연의 바람 속을 헤매는 것과 다를 바 없다는 것일까? 선택의 순간, 신은 야속하게도 어떤 위대한 계시를 보여주지도 않는다. 선택은 인간의 몫이다. 그리고 늘 알 수 없는 미래에 대한 조바심과 조급함에 시달려야 한다. 설명할 수 없는 감정과 판단에 휩쓸리기도 하는 것이다.

초콜릿 안에 어떤 것이 들어 있을까 하는 미지에 대한 궁금증이 삶을 살아가게 하는 힘인지도 모른다. 삶은 비밀을 간직하고 있기에 아름다운 것이다. 생텍쥐페리는 『어린 왕자』에서 "사막이 아름다운 건 우물을 간직하고 있기 때문"이라고 말했다.

　검프는 자신의 삶 앞에 무엇이 놓여 있는지 모른 채 우연을 즐겼다. 그 우연 속에서 삶의 필연을 만들어갔다. 어떤 불행한 일이 일어나도 검프는 낙천적으로 그것을 받아들였다. 알 수 없는 미지의 시간을 궁금해하며…….

　영화의 첫 장면에서 검프의 발 아래로 내려온 새의 깃털이 영화의 마지막 장면에서 다시 하늘 위로 솟아올라간다. 발 아래로 깃털이 우연히 떨어지듯 나를 찾아올 시간들이 있을 것이다. 사람들이 있고 사건들이 있을 것이다. 어쩌면 나도 그것들을 사랑해야 할 것만 같다. 우연과 미지를 즐기지 않는다면 삶이란 없으니까. 인생은 알 수 없는 것에 감싸여 있기에 더욱 아름다울 수밖에 없으니까.

달콤하면서도 씁쓰레한 맛이다.

이 검은 휘장이 걷히면

내 앞의 생이 어떤 모습으로 나타날지 모른다.

여행을 떠나는 것도 우연과 미지를 즐기기 위한 것이다. 낯선 이국의 사람들, 흥미로운 돌계단과 독특한 건물들, 우연히 모서리를 돌아 부딪친 광장의 풍경들, 황금빛 맥주에 곁들인 감자튀김과 크루아상, 낯선 향신료가 들어간 염소요리와 갖가지 빛깔의 샐러드와 과일.

 까만 눈동자로 반짝반짝 빛을 내는 초콜릿을 입안으로 넣어본다. 반짝이는 어둠 속 생의 비밀을 입안에서 궁굴려본다. 달콤하면서도 씁쓰레한 맛이다. 이 검은 휘장이 걷히면 내 앞의 생이 어떤 모습으로 나타날지 모른다. 미지의 어둠 속에 숨어 있는 것이 아몬드든 럼주든 뭐든 나는 즐길 수 있을 것만 같다. 부정은 절대로 긍정을 이길 수 없으니까.

김치볶음밥

**먹고
기도하고
사랑하라**

김치볶음밥을 잘 만드는 여자를 좋아한다고? 변진섭의 노래 〈희망사항〉에 나오는 내용이다. 벌써 30여 년 전의 노래다. 가장 소박한 재료로 금방 만들 수 있는 요리. 김치 외에 콩나물, 양파, 햄이나 베이컨을 넣어도 맛난 음식, 김치볶음밥.

한때 그는 그녀의 옥탑방에서 김치볶음밥을 같이 만들어 먹기도 했다. 잘게 썬 김치를 프라이팬에서 볶다가 식은밥을 넣고 다시 약한 불로 볶았다. 마지막으로 참기름과 김가루를 휘이익 하고 뿌려주면 끝이다.

   그녀의 김치볶음밥은 맛있었다. 앞 건물에 가려 햇빛이 반쯤 드는 옥탑방 창가 구석에 냉장고가 놓여 있었다. 키 작은 냉장고 안에는 아삭한 신김치가 그득했다. 지방에 있는 그녀의 부모님이 가져다주신 거였다. 자취생들에게 기본 메뉴인 김치와 밥을 갖고 만들 수 있는 가성비 최고의 요리는 김치볶음밥이다.

   그녀는 이제 그를 위해 김치볶음밥을 만들지 않는다. 그녀의 옥탑방에 더는 그가 찾아오지 않는다. 그녀는 비로소 '사랑의 빈방'에 갇혔음을 알게 되었다. 그녀에게 이제 완벽한 고독이 찾아왔음을 알았다. 그의 황량한 뒷모습마저 볼 수 없다고 생각하자, 그녀는 우주 바깥으로 떠밀려나간 사람처럼 느껴졌다.

   그녀는 매일매일 자신의 영혼이 질식할 것 같이 숨 막혀오는 것을 느꼈다. 노랗게 반숙을 한 달걀프라이를 김치볶음밥에 탁, 올려 맛나게 먹던 그가 떠올랐다. 프라이팬에 지

내 영혼의 허기를 채워줄 한 끼

글거리는 기름처럼 그에 대한 기억이 튀어오른다. 불연속적인 기억처럼.

그녀는 이부자리를 정리하고 일어났다. 긴 생머리를 질끈 고무줄로 묶었다. 그녀에게 이제 온전히 자신만의 시간이 돌아온 것이다. 그녀는 냉장고를 열었다. 커다란 플라스틱 김치통에는 전쟁이 일어나도 1년은 먹고 살 수 있을 것 같은 김치가 붉게 고른 숨을 내쉬고 있었다. 그녀는 자신을 위해 김치볶음밥을 만들기 시작했다.

김치볶음밥은 1989년 연인의 음식이었다가 2001년 영화 〈봄날은 간다〉가 나오고 나서 '라면'에 그 자리를 빼앗겼다. "라면 먹고 갈래요?"라고 은수가 상우에게 말했을 때 라면은 연인 간의 가장 진한 약속의 신호가 되고 말았다.

이제 청년들은 연인을 위해 김치볶음밥을 만들지 않는다. 김치볶음밥은 온전히 나를 위한 혼밥 메뉴가 되었다. 옥탑방에서, 자취방에서, 원룸에서. 신김치와 식은밥을 한번에 해결할 수 있는 가장 경제적인 식사다.

서울 노량진 길거리 음식인 컵밥 중에서 가장 잘 팔리는 음식도 김치볶음밥이다. 기본으로 김치만 볶고 여기에 달걀 프라이를 얹어주면 2,000원, 햄을 추가하면 2,500원, 스테이크용 고기가 추가되면 3,000원이다.

　김치는 맛이 풍부해서 어지간히 망하지 않는 이상 먹을 만한 음식을 만들어낸다. 볶음 요리의 느끼한 맛을 잡아주는 아삭하고 매콤한 맛이 있으니까. tvN 예능 프로그램〈윤식당 2〉'스페인 편'에서 김치볶음밥은 한국 음식 중에서 가장 인기 있는 메뉴였다.

　운명과 이 세상이 나에게 더는 친절하지 않다는 사실을 담담하게 받아들이며 그녀가 김치볶음밥을 먹는다. 한때 삶의 기술도 사랑의 기술도 없어 그녀는 한없이 우울한 적이 있었다. 그러나 자신의 방식대로 삶을 사랑하며 사는 것이 인생이란 것을 알게 되었다. 사람들은 생각보다 나에 대해 잘 모른다. 나만큼 나에 대한 관심도 없다. 나 자신을 가장 잘 토닥이며 사랑할 수 있는 이는 나 자신이다.

내 영혼의 허기를 채워줄 한 끼

그런 생각이 들자 그녀는 비로소 자신을 사랑하게 되었다. 그녀는 문제지에 밑줄을 긋기 시작했다. 이제 자기 자신과 소통하는 법을 배운다. 자신의 몸과 마음을 어루만지는 법을 배운다.

냉장고에는 한가득 김치가 있고 쌀독에는 한가득 쌀이 있다. 아삭하고 매콤한 김치볶음밥만 있으면 그녀는 잘 살아갈 것도 같다. 김치볶음밥은 그녀와 그녀의 삶을 맺어주는 유일한 요리가 되었다. 꼭 무엇이 되어야 하는가? 무엇이 되지 않더라도 그냥 온전한 나로 나답게 살면 되지 않을까? 온전히 나로 살아갈 든든하고 아삭한 맛을 얻었다.

| 생일 케이크 |

단 하루밖에 없는
오늘이라는
선물

　　　　　이장훈 감독의 영화 〈지금 만나러 갑니다〉는 죽은 수아가 다시 살아 돌아오는 이야기다. 수아는 여름 장마철 가족과 함께 행복하게 지내다 다시 구름나라로 돌아간다. 수아는 구름나라로 돌아가면서 아들 지호의 생일에 매년 케이크와 카드가 배달되게 예약을 해둔다. 수아는 죽었지만 지호는 스무 살이 될 때까지 생일 케이크를 받으며 엄마의 사랑을 느낀다.

　　생일을 맞는 기분은 뭐랄까, 뭔가 설레면서도 착잡하달

까? 모두가 축하한다고 말하지만 왠지 꼭 기분이 좋은 것만 은 아니다. 이제 또 한 살 먹는 건가, 하는 약간의 섭섭함이랄까? 아니 지금까지 '내 인생 뭐 하고 살았지?' 하는 생의 회한까지 느껴진다. 여러 가지 복합적인 맛이 입안에서 이질적으로 섞이는 맛이랄까? 그런 생각이 든다.

시간이란 참 이상하다. 공기처럼 만질 수도 잡을 수도 없다. 형용 불가능하다. 그런데도 달력이나 시계를 보면 시간이 움직이고 있는 듯 느껴진다. 시간이 운동을 하는 것만 같다. 시간은 분명 '어딘가'로 가고 있다는 것이다. 그러니까 미래로 혹은 과거로.

우리는 손쉽게 시간을 삼등분으로 분리한다. 과거, 현재, 미래로. 그러나 해묵은 말이지만 현재는 없다. 내가 그의 얼굴을 바라보는 순간, 이미 나는 바로 0.00001초 전 그의 얼굴을 보면서 그의 현재의 얼굴이라 생각한다. 저 유명한 헤라클레이토스의 시간에 대한 비유를 떠올려보라. "우리는 같은 강물에 두 번 발을 적실 수 없다."

그러니까 모든 시간은 과거 아니면 미래라는 거다. 내가 그의 얼굴을 바라보는 순간 그것은 곧바로 과거가 되고 그를 만나러 오기 전에 만날 것을 상상하는 것으로 미래가 탄생한다. 그러니 현재, 즉 '지금, 여기'라는 말은 없는지도 모른다.

하지만 생일 하루는 온전히 나를 위한 현재라는 생각이 든다. 생일 하루는 흘러가는 시간이 딱 멈춘 채 내 존재에 대해 생각하게 된다. 나의 인생을 생각하게 된다. 과거와 미래 사이에 끼인 그 틈의 시간 말이다. 신은 생일이란 '현재 present'의 시간을 특별히 선물로 준 것 같다.

하얀 눈사람 같은 생일 케이크가 등장한다. 촛불이 켜지고 소중한 이들이 노래를 부르며 생일을 축하해준다. 지금 막 행복에 당도한 것 같다. 그것은 바로 현재라는 선물, '지금, 여기'라는 현재라는 실감.

한번은 친한 후배와 술을 꽤나 마신 적이 있었다. 서울 인사동 어느 후미진 골목 끝 술집이었다. 창호지로 도배가 된

생일 하루는

온전히 나를 위한 현재라는 생각이 든다.

신은 생일이란 '현재'의 시간을 특별히 선물로 준 것 같다.

벽에는 온통 낙서투성이였다. 인간은 가련한 존재인 것 같다. 모두 자신의 존재를 남기고 싶어 안달한다. 흔적을 남기고 싶어 조바심을 낸다. 필멸의 존재라는 생각을 하자 안쓰러움이 밀려왔다.

그때였나? 기름때로 번질번질해진 나무 테이블 위에 맥주잔을 막 들려고 할 때였다. 갑자기 술에 취해 푹 고개를 꺾던 후배가 머리를 번쩍 들었다. 그러더니 울부짖듯 소리치는 것이다.

"언니, 난…… 내가 태어난 날짜를…… 모른다니까요! 난! 내 생일을…… 몰라요!"

평소에 싹싹하고 참하던 후배가 그렇게 울분 가득해서 말하는 모습은 처음이었다. 놀랐다. 후배는 어릴 적 고아원에 있다가 입양되었다고 한다. 그래서 지금까지 자신의 생일을 모르고 살아왔다. 중국에서 쌍십절이 행운의 날이라 쌍십절을 자신의 생일로 삼고 있다고 했다.

다음 날 후배는 그 전날 일을 조금도 기억하지 못했다. 나

내 영혼의 허기를 채워줄 한 끼

는 후배가 그렇게 붙임성이 좋고 싹싹했던 이유를 알 것도 같았다. 후배는 파양 당하지 않기 위해 삶의 모든 일을 조심하고 경계해온 것이다. 발걸음 하나하나를 떼면서 후배는 지구의 중력을 의식했으리라. 후배의 친절함과 자상함이 어린 시절 버림받은 것에 대한 반대 급부였다고 생각하니 마음이 몹시도 아팠다.

그 술집에서 나는 울고 있는 후배의 떨리는 어깨를 감싸 안아줄 뿐이었다. 내가 할 수 있는 어떤 말도 위안이 될 수는 없을 테니까. 다만 묵묵히 짧은 여행의 길동무가 되어주는 것이 위안이 될 수는 있을 테니까. 가만히 후배를 안아주기만 했다. 후배에게 따뜻한 생일 케이크가 되어주고 싶었다.

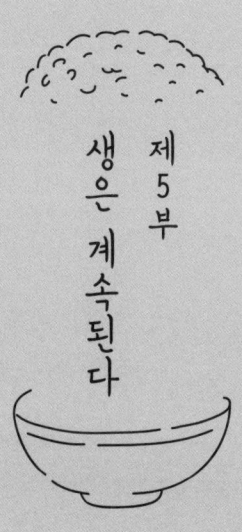

제5부
생은 계속된다

> 설렁탕

가난한 사람의
최후의
보양식

　여기 한 젊은이가 있다. 그는 가난했다. 가세가 기울어 갈 곳 없어진 어머니를 고향 이모님 댁에 모셔다 드리던 차였다. 차 시간이 남아 있어 두 모자는 여름인데도 설렁탕집에 들어간다. 어머니는 한평생 중이염을 앓아 고깃국만 드시면 귀에서 고름이 나온다. 그런데도 아들을 위해 고깃국을 먹으러 가자고 했다.

　첫술을 뜨는데 어머니가 주인을 부른다. 소금을 너무 많이 넣어 설렁탕이 짜다고 말한다. 주인은 흔쾌히 국물을 더 가져다주었다. 어머니는 주인이 안 보고 있다 싶어지자 아들의 투가리에 국물을 더 부어주었다. 아들은 당황했지만 주인을 흘금거리며 국물을 받는다. 아들은 국물을 그만 따르라고 자신의 투가리로 어머니의 투가리를 툭 부딪친다. 주인은 애써 모른 척하며 미안한 마음을 안 느끼게 조심스럽게 깍두기 한 접시를 더 가져다준다. 아들은 울컥하는 눈물을 땀인 양 훔친다.

함민복의 산문 「눈물은 왜 짠가」이다. 사는 게 다 진땀 같을 때 설렁탕을 먹는다. 땀을 뻘뻘 흘리면서 콧물 눈물 훔쳐가면서 펄펄 끓는 뜨겁고 뽀얀 국물에 밥 한 공기 푹 넣고 뻘건 깍두기 한 젓가락 올려놓은 뒤 우적우적 씹을 때, 우리는 안다. 삶이란 참 신산스럽다는 것을.

경찰서에서 심문을 받는 피의자가 시켜먹는 음식, 한겨울 공사현장 노동자가 훌훌 마시듯 먹는 음식, 산모가 아이 낳기 전 병원문 들어서기 직전에 먹는 음식, 설렁탕이다.

중국 사람들은 어떤 것이든 튀겨서 먹고 일본 사람들은

생은 계속된다

어떤 것이든 쩌서 먹는다. 한국 사람들은 끓여서 먹는 것을 좋아한다. 끓이고 고아서 국물을 우려내서 먹는 음식. 삼계탕, 곰탕, 추어탕, 육개장, 수많은 국이 있고 탕이 있다. 하지만 설렁탕만큼 친숙한 음식은 없다.

설렁탕은 서울 음식이다. 1924년에는 서울에만 설렁탕 집이 100여 개 있었다고 한다. 한 그릇에 10전. 소고기가 돼지고기보다 쌌기 때문이다. 1920년대 현진건의 소설 「운수 좋은 날」에서 주인공 김첨지는 아픈 아내를 집에 혼자 남겨 두고 인력거를 끌러나간다. 그날따라 인력거에 손님도 잘 붙어 며칠 전부터 아내가 그렇게 먹고 싶다던 설렁탕을 사 들고 집으로 들어온다. 그러나 아내는 이미 죽어 있다. 김천지는 울먹이며 외친다.

"설렁탕을 사다 놓았는데 왜 먹지를 못하니, 왜 먹지를 못하니……. 괴상하게도 오늘은 운수가 좋더니만……."

오갈 데 없는 어머니가 가난한 아들을 위해 사주는 최후의 보양식, 아픈 아내가 그렇게 먹고 싶다던 음식. 설렁탕은 눈에서 땀이 흐르게 하는 음식인지 모른다. 사랑하는 가족을 위해 해줄 수 있는 가난한 사람의 최후의 보양식인지 모른다. 맞다. 삶은 인간에게서 많은 눈물과 땀을 요구한다.

인생은 난감하기만 하다. 사는 게 짠 눈물이고 짠 땀이다. 그럴 때 밥 한 그릇 뚝딱 말아서 훌훌 뜨거운 국물과 함께 설렁탕을 먹는다. 묵묵히 '툭' 하고 나의 마음이 어머니의 마음에 부딪칠 때 안다. 어머니의 가난이 내 가난에 노크하려 할 때 안다. 그것은 다시 한번 인생의 건배를 해보자는 뜻이라고. 눈물은 짜지만 설렁탕을 먹으며 견뎌보자는 의미라고.

언젠가 지하철에서 만삭의 여인과 젊은 남편을 본 적이 있다. 그들은 나란히 앉아 정다운 오누이처럼 이야기를 나누고 있었다. 젊은 남편은 세탁소에서 빌려 입었을 법한 좀 큰 양복을 입고 있었다. 여인 또한 누군가에게서 물려받은 듯한 낡은 청록색 임부복을 입고 있었다.

지하철은 경기도 부천에서 서울을 향해가고 있었다. 그들은 들판이 펼쳐진 창밖을 보면서 이런저런 이야기를 나누기

사는 게 짠 눈물이고 짠 땀이다.
그럴 때 밥 한 그릇 뚝딱 말아서
훌훌 뜨거운 국물과 함께 설렁탕을 먹는다.

도 했다. 우연히 듣게 된 그들의 이야기는 이러했다. 돈이 없어 결혼식을 올리지 못했다는 것, 이제 곧 아기가 나올 산달이라는 것, 젊은 남편은 만삭의 아내와 함께 취업 면접을 보려고 가는 중이라는 것, 그동안 면접에서 계속 떨어졌는데 이번에는 꼭 취업이 되었으면 좋겠다는 것이다. 아내의 배에 손을 대며 아기에게 얼마나 다정하게 이야기를 하던지.

나는 그 젊은 남편이 아내의 배에 손을 대고 있는 것이 함민복 시인이 자신의 투가리를 어머니의 투가리에 '툭' 하고 노크를 하는 것같이 느껴졌다. 아기와 악수하는 것처럼 느껴졌다. 남편의 취업 면접날에 따라나선 아내의 마음을 읽을 수 있을 것도 같았다.

사는 게 다 눈물이지만 우리가 사는 별에는 꽃의 향기로움도 있는 것이다. 다만 우리가 꽃의 아름다움을 즐길 줄 모를 뿐이다.

| 육
| 개
| 장

죽기
전에
생각나는

　　　　　　허영만의 만화 『식객 3: 소고기 전쟁』에는 자신의 죽음을 준비하는 시어머니가 나온다. 죽음 앞에서 사람들은 무엇을 준비해야 할까? 수의, 묏자리, 영정 사진을 준비해야 한다. 그리고 남아 있는 사람들을 위해 유언과 유산을 남기기도 한다.

　시어머니는 자신의 죽음을 조문하기 위해 찾아올 손님들을 위해 육개장 끓이는 법을 며느리에게 가르쳐준다. 장례식장에서 왜 전통적으로 육개장을 먹는지 알 수는 없다. 육개장 안에 어떤 삶의 한과 지난함이 담겨 있음이 틀림없다.

전윤수 감독의 영화 〈식객〉에서 주권을 잃은 순종이 탄식하며 식음을 전폐했다는 이야기가 나온다. 그런 순종의 마음을 헤아린 대령숙수가 마지막으로 육개장을 요리해 올린다. 식음을 전폐했던 순종이 눈물을 흘리며 육개장을 다 먹는다. 육개장에는 조선의 혼과 한이 담겨 있다.

농경사회였던 조선 땅의 주요 식재료인 소고기, 파, 토란대, 고사리, 숙주나물, 마늘, 대파, 고춧가루가 들어간 음식. 육개장을 끓이는 데는 시간과 정성이 들어간다. 커다란 가마솥에 양지머리를 오랫동안 삶는다. 양지머리를 건져내 가늘게 찢고 갖가지 채소를 데쳐 고춧가루, 조선간장, 마늘 등 양념에 버무린 뒤 육수에 넣고 푹푹 삶는다. 뻘겋게 고추기름이 번진 육개장을 먹고 있으면 입안 가득 삶의 위로가 번진다.

생의 격렬함이 육개장의 매콤한 고추기름처럼 목구멍 깊숙이 넘어갈 때, 땀을 뻘뻘 흘리며 육개장 국물을 떠먹고 있

생은 계속된다

을 때 알게 된다. 매콤하고 뜨거운 육개장을 다 먹고 나서는 숟가락을 놓으며 '아, 시원하다'라고 소리치는 한국 사람들의 독특한 해소법에 대해서. 육개장에는 삶의 절절함과 주권을 빼앗긴 뼈아픈 현실에도 끈질기게 소처럼 묵묵히 살아내야만 하는 우직함이 담겨 있다.

백설희의 노래 〈봄날은 간다〉를 듣고 있으면 문득 삶이 사무치게 아파올 때가 있다. 이 노래가 사람들의 마음에 오래 남는 것은 봄이 주는 허기 때문이다. "알뜰한 그 맹세에 봄날은 간다." 봄날에는 영혼이 허허로워진다. 봄이 너무 짧기 때문이다. 봄이 주는 환희가 환각처럼 지나가기 때문이다.

하얀 벚꽃이 눈송이처럼 날릴 때, '지금, 여기의 세상'이 다른 세상 같다는 환각에 빠질 때, 봄날은 간다. 꽃들은 환희를 주었다가 금세 사라져버린다. 그 애잔함과 처연함이 생명의 봄에 서려 있다. 모든 생명 안에는 죽음이 깃들어 있다.

화려한 봄날에 몸을 가볍게 날리며 떨어지는 하얀 꽃잎을 생각한다. 꽃잎이 떨어져야 열매가 맺히듯 죽음 이후에도 생은 계속된다. 망자는 자신이 죽고 나서도 계속될 생에 대해 준비한다. 망자가 살아 있는 자에게 대접하는 육개장에는 삶의 신산스러움이 담겨 있다. 죽음을 껴안으며 죽음을 향해가는 우직한 칼칼함이 담겨 있다.

세상에서

가장

소박한 은총

여기 사형수가 마지막으로 남긴 편지가 있다.

"추신 : 참, 문모니카 수녀님, 김 신부님께도 전해주십시오. 감사드린다고, 죄송하다고, 그리고…… 사랑한다고. 그분들은 어떤 시인의 말처럼 당신들의 눈물로 사랑의 풀빵을 굽는 분들, 그 풀빵을 뒤집을 줄도 아셨던 분들, 우리에게 그 따뜻한 빵을 나누어주셨던 분들, 결국, 저의 생 모두가 은총이었음을 가르쳐주신 분들이셨습니다."

공지영의 소설 『우리들의 행복한 시간』은 사형수 윤수와 자살 미수자 유정이 죽음 직전에 주고받은 우정과 상처 치유에 대한 내용을 담고 있다. 죽지 않으려고 몸부림치는 윤수와 죽고 싶어 몸부림치는 유정이 만나 죽음에 대해 생각해보게 되는 시간. 그것이 '우리들의 행복한 시간'이다.

작가는 뜻하게 않게 범죄에 연루되어 사형수가 된 윤수라는 인물을 통해 죽음 직전에 가장 삶의 의미가 깊어진다는 것을 전해준다. 삶을 최종적으로 완성시키는 것이 '사랑'이라는 것을 깨닫게 해준다. 그 시간이 가장 행복한 시간인지 모른다. 윤수는 죽음 직전 '사랑의 풀빵'을 기억한다. 따뜻한 풀빵 한 조각.

간혹 궁금할 때가 있다. 사람이 마지막으로 기억하는 것은 무엇일까? 마지막으로 남기고 싶은 말은 무엇일까? 마지막으로 먹고 싶은 음식은 무엇일까? 무엇보다 그가 죽음을 앞둔 사형수라면.

사형수들에게 죽기 전에 마지막으로 먹고 싶은 음식이

생은 계속된다

뭐냐고 묻는다고 한다. 그들이 원하는 음식은 화려한 진수성찬이 아니라고 한다. 소박한 밥상, 어머니가 어릴 때 차려준 소박한 음식을 먹고 싶다고 말한단다.

우리 모두가 다 떠밀려 죽음의 자리까지 가게 될 것이지만, 사형수에게 죽음은 훨씬 폭력적이다. 국가기관이란 이름으로 집행되는 '또 다른 의미의 살인'인 셈이니까. 그 끔찍한 죽음을 앞에 두고 그들이 떠올리는 음식이 어머니의 소박한 밥상이다. 사형수 윤수에게도 소박한 음식이 있었다. 가난한 이의 소박한 양식, 풀빵이다. 그것이 자기 생에서 마지막 은총이었음을 기억해냈다.

풀빵은 가난한 사람의 밥이다. 없는 자들의 유일한 양식이자 마지막 보루다. 장발장은 굶고 있는 조카를 위해 빵 한 조각을 훔치다 들켜 감옥에 가게 된다.

겨울이 오면 풀빵은 붕어빵이란 이름으로 길거리에서 팔려나갈 것이다. 지금도 차가운 감옥에 있는 사람들을 생각한다. 죽음을 기다리는 자들을 생각한다. 우리는 타인의 죽음을 통해 나의 죽음을 상상한다. 죽음을 앞둔 자들이 기억하는 음식, 기억하는 행복, 기억하는 사랑.

풀빵은 살아온 모든 삶의 시간이 은총임을 알려주는 상징이다. 죽음을 기다리는 자에게 삶이 사랑이란 걸 알려주는 상징이다.

가을에서 겨울로 넘어가는 때, 가을바람에 낙엽이 파지처럼 쏟아져내릴 때, 풀빵 굽는 냄새가 거리를 메운다. 죽음 앞에 생이 모두 은총임을 알 것 같다. 따뜻한 풀빵 한 조각이 가난한 자의 최고의 행복임을 알 것도 같다.

메밀묵

심심하고
무심한
인생의 맛

삶을 맛으로 표현한다면 어떤 맛일까? 땀과 눈물이 묻은 짠맛? 사랑스러운 달달한 맛? 아니면 고통스럽기만 한 쓴맛? 아니 신산한 삶이어서 신맛? 박목월의 시 「적막한 식욕」은 그에 대한 답을 알려준다. 시인은 메밀묵의 싱겁고 구수한 맛이 허전한 마음을 달래는 삶의 맛이라고 한다. 허전한 마음을 달래는 쓸쓸한 식욕의 맛이라고 노래한다.

"메밀묵이 먹고 싶다 / 그 싱겁고 구수하고 / 못나고도 소

박하게 점잖은 / 촌 잔칫날 팔모상에 올라 / 새 사돈을 대접하는 것 / 그것은 저문 봄날 해 질 무렵에 / 허전한 마음이 / 마음을 달래는 / 쓸쓸한 식욕이 꿈꾸는 음식."

겨울철 한파로 창문에 센 바람 소리가 들릴 때마다 어릴 적 생각이 난다. 겨울밤이면 정겨운 외침이 들려오기도 했던 것이다. "찹싸알~떡~. 메밀~묵~."

요즘이야 야식이 발달될 대로 발달되어 온갖 메뉴를 시켜먹을 수 있다. 하지만 예전에는 야식이랄 게 따로 없었다. 겨울밤은 입이 심심하고 할 일이 없다. 뭔가를 먹고는 싶다. 문풍지를 떨며 울고 있는 바람 소리를 듣고 있자면, 골목에서 어김없이 찹쌀떡과 메밀묵 장수의 목청 높은 소리가 들려온다.

메밀은 찬 성분으로 원래 여름철 음식이다. 그런데 겨울밤에 왜 메밀묵을 외치며 골목을 누비고 다녔을까? 메밀묵은 어떤 맛이 나는 음식이 아니다. 맛이 없는 것이 아니라 '무無맛'이다. 그만큼 싱겁고 심심하다. 어쩌면 인생이란 단

어쩌면 인생이란

단맛도 짠맛도 쓴맛도 신맛도 아닌

그냥 '무맛'인지 모른다.

맛도 짠맛도 쓴맛도 신맛도 아닌 그냥 '무맛'인지 모른다. 적막에 가까운 맛인지도 모른다.

　언젠가 나를 둘러싼 이 모든 것을 더는 볼 수 없는 날이 올 것이다. 내가 살고 있는 이 방에 그 누군가가 먼저 살았듯이 내가 죽고 나면 또 누군가가 이 방에 살 것이다. 씻고 먹고 잠을 잘 것이다. 우주는 한없는 응원으로 일생을 다해 나를 위로해주는 듯하다. 하지만 인간은 끊임없이 죽음을 향해 천천히 나아가고 있다. 필멸, 그것이 인간의 운명이다. 삶의 법칙이다.

　좌충우돌 삶과 일대 사투를 벌이며 격렬하게 살아가지만 삶의 마지막은 무無다. 삶이란 결국 무로 돌아가기 위한 악전고투다. 인생의 허전하고 쓸쓸한 적막을 닮아 있는 맛. 그것이 메밀묵의 맛이란 것을 시인은 어떻게 간파했을까?

　시인은 저승 갈 때 이웃집 양반을 알아보고 마지막 주막에서 걸걸한 막걸리 잔을 나누며 먹는 쓸쓸한 음식이라고 노래한다. 인생의 참뜻을 짐작한 사람의 너그럽고 넉넉한

생은 계속된다

눈물이 갈구하는 맛이라고 노래한다. 메밀묵은 아무 맛도 나지 않는다. 일생을 다하고 입 끝에 남는 마지막 적막한 맛. 겨울밤 그 뜻을 우리에게 전하기 위해 메밀묵 장수는 그렇게 목청껏 외치고 다녔는지 모른다.

아버지는 일주일에 한 번은 메밀묵을 드셨다. 벽돌만 한 메밀묵을 손가락 굵기로 썬다. 그 위에 펄펄 끓는 뜨거운 멸치 육수로 토렴을 한 뒤 메밀묵이 잠길 만큼 멸치 육수를 부어준다. 그 위에 양념장과 잘게 썬 신김치와 김가루를 올려주면 끝이다. 아니다. 마지막으로 참기름 한 방울을 떨어뜨려주면 메밀묵이 완성된다.

심심하고 무심한 듯한 맛. 싱겁고 구수한 듯한 맛. 자꾸자꾸 씹어도 맛은 사라지고 '무'를 향해 나아가고……. 아버지는 맛이 느껴지지 않는 쓸쓸함을 씹고 있었는지 모르겠다. 아버지는 돌아가시고 나서 그 맛이 무엇인지 가르쳐주었다.

> 간장게장

생존을
위한
대가

　먹고 사는 모든 것이 생존을 위한 몸부림이라지만 딱 기가 막힐 때가 있다. 이를테면 식재료가 통째로 식탁 위에 오를 때다. 머리부터 꼬리까지 통째로 구워진 꽁치라든지 머리만 잘린 채 알몸 그대로 물속에 퐁당 빠져 있는 삼계탕이라든지 하는 것 말이다.

　그들도 한때는 살아 있는 생명체였다. 망망한 바다를 자유롭게 유영하기도 했으리라. 마당에서 벌레를 집어먹으며 횃대 위에서 목청껏 소리를 지르기도 했으리라. 그래서 자르고 썰고 으깨고 갈아버리는 행위들은 그들이 한때 생명체였다는 것을 가리기 위한 위장인지도 모른다. 수많은 갖가지 요리법은 문명이 원시의 자연을 가리기 위한 변장술인지도 모른다.

안도현의 시 「스며든다는 것」은 간장게장의 어둠에 대해 노래하고 있다.

"등판에 간장이 울컥울컥 쏟아질 때 / 꽃게는 뱃속의 알을 껴안으려고 / 꿈틀거리다가 더 낮게 / 더 바닥 쪽으로 웅크렸으리라."

알을 밴 동물은 부화 직전에 가장 살이 통통하다고 한다. 새끼에게 최대한 영양을 주기 위해 비축해둔다는 것이다. 그러나 새끼를 위해 살을 찌운 암꽃게를 알과 함께 어두운 간장 항아리에 담가야 하는 순간, 우리는 알게 된다. 모자가 함께 간장 항아리에 들어갔다는 사실을.

암꽃게는 간장이 '울컥울컥' 쏟아질 때 뱃속의 알을 더 껴안으려고 몸을 웅크리며 버둥거렸을 것이다. 그러나 마침내 살 속으로 간장이 배어들 때 암꽃게는 천천히 그 어스름을 받아들일 수밖에 없었으리라.

　여름철에는 식재료가 풍성하다. 양파, 마늘, 매실 등 '담가' 먹는 것이 많다. 그중에서 밥도둑 간장게장이 있다. 짭조름한 양념에 바닷내가 물씬 나는 꽃게살. 간장게장 하나면 밥 한 그릇을 뚝딱 해치울 수 있다. 3월이나 4월에 암꽃게를 사와 달여 식힌 양념간장을 부어 간장게장을 담근다. 암꽃게는 아마도 검고 탁한 그 어둠 속에 담겨 한 계절을 지내야 하리라.

　암꽃게가 자신의 새끼들과 함께 밥상 위에 오를 때 나는 서글퍼진다. 삶이란 얼마나 많은 죽음에 빚지고 있는가? 몸뚱아리 전체, 아니 자신의 새끼까지 통째로 밥상 위에 올라와야 했던 암꽃게의 슬픔에 대해 생각한다. 그것은 아마도 스며들어야 하는 슬픔이리라. 스며들지 않고서는 어쩔 도리가 없다는 것을 아는 서글픔이다.

생은 계속된다

삶은 투쟁의 연속이다. 아니 나를 둘러싼 모든 것을 껴안아야 하는 과정의 연속이다. 그래서 절망이 희망을 껴안고 슬픔이 기쁨을 껴안는다. 서로가 서로에게 스며들어야 한다. 삶의 모든 시간은 죽음을 껴안은 대가라는 것을 문득 깨닫는다.

> 돈가스

내 청춘을 덮어주던
따뜻한
담요 한 장

　　　　　　　오무라이스 잼잼의 웹툰 〈내 생애 최후의 돈가스〉(21화)에서 주인공은 자신이 평생에 최고로 좋아한 음식이 돈가스라며 호들갑을 떤다. 그의 돈가스 사랑은 20여 년 전인 고등학교 시절로 거슬러 올라간다. 한 달에 한 번꼴로 혼자서 꼭 갔던 식당, 바로 '명동 돈가스'다. 좋아했던 자리는 2층 창가 자리. 그리고 돈가스를 시키는 것이다. "돈가스 하나요!"

　그의 돈가스 사랑은 결혼을 하고서도 계속된다. 7개월 된

생은 계속된다

딸을 데리고 아내와 도쿄로 날아간다. 도쿄 긴자거리에 있는 렌가테이로 가서 돈가스를 먹고야 만다.

돈가스는 원래 서양 요리다. 1895년 도쿄 긴자에 렌가테이라는 서양 요릿집이 생겼다. 커틀릿을 일본식으로 바꾸어 가쓰레쓰를 만들어낸 것이다. 서양의 돈가스는 포크와 나이프로 먹는다. 얇은 고기를 튀긴 후 데미글라스 소스를 끼얹고 데친 당근과 양파, 마카로니 샐러드를 곁들인다. 얇게 펴서 담은 밥과 크림 수프를 내놓는다. 그러던 것을 일본식 돈가스가 되면서 채를 썬 양배추를 곁들이게 되었다. 고기 두께도 3센티미터 정도로 두툼해졌다. 그리고 미리 칼로 썰어놓아 젓가락으로 먹을 수 있게 개량했다.

대학 때 나도 미팅을 한 적이 있었다. 그 남자애는 꽤나 호기롭게 나를 경양식집으로 데려갔다. 지금은 이탈리아 레스토랑, 브런치 카페 등으로 불리지만 당시에 경양식집이라 불렀다. 대개 경양식집은 어두침침한 지하에 있었다. 계단을 내려가니 바닥에 붉은 양탄자가 깔려 있었다. 나무 칸막이가 있는 테이블들이 보였다.

학교 앞 떡볶이집에서 떡볶이와 김밥, 튀김과 쫄면만 먹어오던 나였다. 이럴 줄 알았으면 원피스라도 입고 와야 하는 거였나 하는 뒤늦은 후회가 짧게 밀려왔다. 내 차림새를 나도 모르게 훑어보던 나는 아연실색할 수밖에 없었다. 무릎 튀어나온 후줄근한 청바지에 때 묻은 운동화마저 뒤축을 구겨 신고 있는 게 아닌가?

하얀 와이셔츠에 보타이를 한 웨이터가 내가 경양식집에는 처음 왔다는 것을 눈치라도 챈 듯 빙글빙글 웃고 있었다. 나는 애써 눈을 내리깔고 메뉴판을 보았다. 하지만 그 남자애도 나도 경양식집 정식은 먹을 수 없다는 것을 알았다. 함박스테이크와 생선가스, 구운 소시지가 함께 나오는 정식은 학생의 주머니 사정으로 턱없이 비쌌기 때문이다. 우리는 돈가스를 시켰다. 얇게 튀겨진 돈가스. 데미글라스 소스가 잔뜩 뿌려진 서양식 돈가스였다.

지금 다시 예전의 돈가스를 먹게 된다면 헤어진 옛 애인을 만난 듯 어색할지도 모르겠다. 이제는 미소시루(된장국)가 곁들여 나오는 일본식 돈가스를 좋아하게 되었으니까.

돈가스가

서울의 쌀쌀한 봄 날씨와 싸우느라

까칠해진 나를 따뜻하게 덮어주던 담요였다는

것을 알기나 할까?

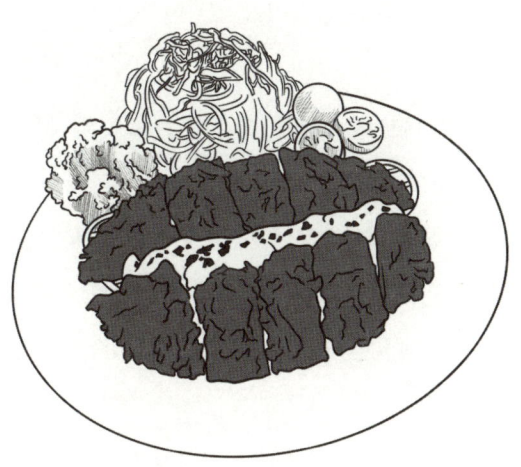

아들은 두툼한 돈가스 한 점을 소스에 듬뿍 찍어 입으로 가져간다.

"너는 돈가스를 먹을 때 어떤 추억이 떠올라?"

맞은편에 앉은 아들을 보며 내가 물었다. 그러자 아들은 자다가 무슨 봉창 두드리는 소리냐는 듯한 표정으로 나를 쳐다보았다.

"엄마는……, 돈가스를 무슨 추억 생각하며 먹어요? 그냥 맛있으면 되지."

으이구, 감정이라고는 메마른 놈.

나는 곁들여 나온 된장국으로 입맛을 다신다. 그런 다음 바삭하게 튀겨진 돈가스 한 점을 입으로 가져가 씹기 시작한다. 입안으로 번지는 고소한 기름기와 부드러운 육질. 순간 까칠하고 윤기 없던 나의 생이 한정없이 로맨틱해진다. 이 쾌활한 낭만성을 돈가스의 쾌락이라 부르고만 싶다.

대학 때 어둑한 경양식집에서 돈가스를 사주던 그 남자애는 어떻게 되었을까? 지방에서 올라와 낯선 서울이 서럽기만 했던 나에게 돈가스가 얼마나 기름진 위안이었는지를

생은 계속된다

알고 있었을까? 하얀 접시 위에 누워 있던 돈가스가 서울의 쌀쌀한 봄 날씨와 싸우느라 까칠해진 나를 따뜻하게 덮어주던 담요였다는 것을 알기나 할까?

낙엽 한 잎이 지상에 떨어지면 그 위에 또 다른 낙엽이 몸을 누인다. 지방에서 올라온 그 남자애도 나의 외로움을 토닥거려주면서 자신의 외로움에 응답하고 있었는지도 모른다. 이제야 외로움은 외로움을 위로해주며 위로받는다는 것을 알겠다. 쫄깃하고 고소한 돈가스가 입안 가득 넘쳐날 때 알게 된다. 누군가 내 삶의 풍경 속으로 걸어 들어와 힘을 주고 있다는 것을.

| 수박 |

세상에
너무
심각할 일은 없어

허진호 감독의 영화 〈8월의 크리스마스〉에서 정원은 시한부 삶을 살아가는 사진사다. 영화는 죽음에 대한 수많은 여백을 제공해주면서 고즈넉하게 죽음을 관조한다. 죽음을 담담하게 받아들이려는 체념과 안온함이 아릿하다. 그러나 죽음을 앞둔 정원의 태도는 장난스럽다. 여동생 정숙과 수박을 먹는 장면에서다.

한옥 나무마루에 걸터앉아 여동생은 "오빠, 아직도 지원이 좋아해?"라고 묻는다. 정원은 빙긋이 웃기만 한다. 그러

생은 계속된다

더니 아무 말 없이 수박을 와작와작 씹고 마당으로 수박씨를 '홋!' 하고 내뱉는다. 또다시 여동생의 물음에도 정원은 수박씨를 마당으로 '홋!' 하고 내뱉기만 한다. 여동생은 정원의 눈치를 보다 빙긋 웃고는 서로 약속이라도 한듯 함께 수박을 씹고 수박씨를 마당으로 힘껏 뱉어낸다. 수박씨를 누가 더 멀리 뱉어내는지 시합이라도 하는 듯.

오빠가 죽게 될 걸 알면서 혹여라도 첫사랑 지원에 대한 미련을 갖고 있는 게 아닌가 싶어, 그 미련 때문에 여전히 상처가 남아 있지 않나 싶어 여동생은 정원에게 묻는다. 하지만 정원은 대답 대신 웃기만 하다. 웃으면서 수박씨를 홋 뱉어만 낸다.

사람들은 병원에서 시한부 판정을 받았다는 말을 한다. 하지만 병원에서 굳이 말해주지 않아도 우리는 모두 시한부 인생이다. 죽음을 향해가는 필멸의 삶이다. 죽음을 피해가는 자는 없다. 그래서 인간은 신을 부러워한다. 신은 불멸의 존재니까.

역사에서든, 책에서든, 심지어 기암절벽이나 술집 벽지에라도 자신의 이름을 남기기 위해 안달이 났다. 언젠가 죽을 존재이고 사라져야 할 존재니까. 어떻게든 자신의 흔적을 남겨 불멸의 존재인 신과 닮고 싶기 때문이리라.

하지만 비밀을 말해주겠다. 사실은 신이 인간을 부러워한다는 것을. 죽음이 있기에 인간의 삶은 더 강렬하고 열렬하다는 것을. 죽음을 앞두고 있기에 삶은 고귀하고 존귀하다. 살아 있다는 것만으로 흥겨운 것이다.

햇볕과 바람은 어디라도 있다. 정말 중요한 것은 그것을 느끼며 살아가는 일이다. 빙그레 웃으며 장난을 치는 사람을 보면 살아가는 것이 더 흥겨워진다. 삶에 멜로디를 던져주는 것 같다.

수박을 보면 장난기가 발동한다. 수박은 그런 과일이다. 수박씨를 눈 옆에 붙이고 곧잘 바보 흉내를 내며 놀았던 사촌 오빠 생각이 난다. 어떤 때는 수박 속을 다 긁어 먹고 핼러윈 축제 때처럼 수박을 머리에 쓰고 다니기도 했다. 벽돌

생은 계속된다

을 깨듯 수박을 손으로 깨며 힘자랑하던 동네 오빠도 있었다. 수박이 익어가는 수박밭은 여름의 낭만과 향수가 가득하기만 하다.

나도 영화의 주인공처럼 수박씨 멀리 뱉기 시합을 한 적이 있었다. 붉고 시원한 수박을 입안 가득 와작와작 씹다 훗 하고 마당에 뱉었다.

그토록 아들 낳기를 원했던 엄마는 딸만 줄곧 낳았다. 오빠가 일찍 돌아가신 것이다. 그러다 겨우 아들 하나를 낳았다. 대구에서 유명하다는 경북여고를 나온 엄마는 홀어머니에 외아들인 아버지와 결혼하고 당신의 자존심을 세워줄 수 있는 것은 오직 아들밖에 없다고 생각했다.

내 남동생은 수박씨 멀리 뱉기 시합에서 성적이 별로였다. 나와 언니가 시합에서 이겨 환호성을 지르며 벌칙으로 남동생의 손목을 때리고 있으면 언제 왔는지 엄마가 와 있었다. 그리고 나서 나와 언니의 등짝을 갈겼다. 숙제도 안 하고 뭐하고 있냐고 핑계를 둘러댔지만 그 속을 다 알고도 남았다. 엄마에게 내 남동생은 세상천지에 귀하고 귀한 아들이었던 것이다. 남동생은 기가 세다는 여자들 틈에 끼어 살았지만, 정 많은 집안에서 정 많이 받은 아이답게 심성이 좋았다.

입안 가득 수박을 씹고 있으면 온 몸에서 숨이 멎을 듯한 즐거운 아우성이 들려온다. 시원하고 달달한 수박으로 인생은 즐거워진다. 입안에 남은 수박씨로 멀리 뱉기 시합을 하다보면 삶은 더 흥겨워지고 향기로워진다.

세상에 뭐 심각할 필요가 있담? 너와 내가 어린아이처럼 된다면. 살아가는 것은 즐거운 놀이다. 흥미롭고 익살스런 장난을 치다보면 알게 된다. 신이 인간을 부러워하고 있다는 것을.

| 김치 |

전쟁과
굶주림을
이겨내다

김훈의 소설 『칼의 노래』에는 전란 중에 군졸들이 음식을 먹는 장면이 나온다. 조선 수군은 조정의 군수 지원을 받지 않는 군대였다. 이순신에게는 왜군도 명군도 조정도 적이었다. 가장 힘든 것은 굶주림이었다.

추운 섣달 저녁에는 보릿가루를 물에 타서 먹기도 했다. 배고픈 군관들은 숙사에서 나오지도 않았다. 수군들은 하루 종일 양지쪽에 누워 마른 미역을 씹으며 옷을 벗어 이를 잡았다. 그나마 봄과 여름이 되면 수영水營 앞바다 갯벌을 막아

소금을 건졌다. "고운 눈이 쌓이듯 염전 바닥에 소금이 내려앉으면" 그 소금으로 백성들에게서 거둬들인 무와 배추를 절였다. 화살을 만들다 남은 대나무 파목으로 통발을 만들어 물밑에 붙은 생선을 건져 올렸다. 그 생선을 소금에 절였다.

"부엌을 맡은 중이 보리밥에 짠지, 된장국을 내왔다. 군관들과 함께 먹었다. 군졸들은 끼니 때마다 소금에 절인 푸성귀를 먹었다. 장졸들은 말린 생선을 씹으며 소금기를 채웠다."

이순신이 싸웠던 곳이 바다가 아니었으면 어땠을까? 계사년(1593년)에서 갑오년(1594년) 사이 2년 동안 심한 흉년이 들었다. 수군들이 배 안에서 굶어 죽어갔다. 백성들의 참혹상은 더 말할 수도 없을 지경이었다. 부자父子가 서로 잡아먹고, 부부가 서로 잡아먹었다. 명군이 술에 취해 토한 토사물들을 백성들이 달려들어 빨아먹었다. 이 극심한 굶주림 속에서 이순신과 군관, 군졸들의 배를 채워준 마지막 보루가 있었다. 그것은 짠지였다.

김치는 한국인에게 음식의 시작이자 끝이다.
김치 하나면 모든 음식이 가능해진다.

7년 동안의 전쟁에서 곡기마저 끊겼을 때 백성과 군졸들이 연명하며 먹었던 것은 소금에 절인 푸성귀였다. 염전이 있고 밭이 있었기에 가능했다.

어릴 때 제사가 끝나고 제삿밥을 먹을 때였다. 고추장에 제삿밥을 비벼 먹는다고 나이 든 친척 어른이 나를 타박한 일이 있었다. 제삿밥은 간장에 비벼 먹지 고추장에 비벼 먹지 않는다고 했다.

그런 예법을 공자가 말한 적이 있었는지 의아했지만 나이가 들고 알게 되었다. 공자가 살았던 당시에는 고추라는 식재료가 없었다는 것을. 그런 이유로 제사상에 고춧가루를 넣은 음식이 하나도 없다. 조선에 고추가 들어온 시기는 임진왜란 이후라고 한다. 콜럼버스에 의해 전파된 고추가 일본을 통해 조선에 전파되었다는 것이다.

어쨌든 이순신과 조선 수군과 백성들이 먹은 짠지는 고춧가루가 들어가기 직전의 배추, 즉 백김치다. 서양에 온갖 종류의 치즈가 있듯 한국에는 수많은 종류의 김치가 있다.

생은 계속된다

배추김치, 총각김치, 나박김치, 갓김치, 파김치, 열무김치, 부추김치, 동치미, 섞박지, 양배추김치 등이 있다.

  한국 사람들은 김치가 없으면 밥을 못 먹는다. 외국 여행을 나갈 때도 김치를 갖고 간다. 미슐랭 별 다섯 개까지 받은 레스토랑의 요리를 먹고 나서도 김치를 먹지 않으면 뭔가 개운치 않다. 김치는 한국인에게 음식의 시작이자 끝이다. 김치 하나면 모든 음식이 가능해진다. 김치전, 김치찌개, 김치볶음밥, 김치김밥, 김치라면, 김치콩나물국……. 김치는 한국인의 끈기이며 질긴 생명력을 상징한다.

  임진왜란 당시 왕은 한양을 버리고 의주로 향했다. 400여 년 전 이 땅을 지켜낸 이순신과 조선 수군들을 생각한다. 그들의 굶주림을 채워준 김치, 한국인의 힘, 짠지의 힘을 생각한다.

> 콩국수

콩은
힘이
세다

       여름철에는 시원한 면을 사랑하지 않을 수가 없다. 그중에서도 콩국수가 제일이다. 칼국숫집에서는 칼국수면으로, 중국집에서는 짜장면면으로, 분식집에서는 소면으로 만들어주는 콩국수. 면발이 어떻든 콩국수에서 중요한 것은 국수가 아니라 콩국물이다.

    콩을 물에 6시간 불리고 15분간 삶는다. 콩을 삶을 때는 6과 15라는 숫자를 잊어버리면 안 된다. 콩이 덜 삶기면 비리고 오래 삶기면 메주 냄새가 난다. 잘 삶긴 콩을 껍질을 까

생은 계속된다

서 믹스에 넣어 물과 함께 간다. 그런 다음 쫀득하게 삶긴 국수 위에 냉장 보관한 콩국물을 붓는다. 그 위에 고명으로 어슷썬 토마토 몇 조각, 채 썬 오이, 검정깨를 솔솔 뿌려주면 끝이다.

한국의 역사는 콩과 인연이 깊다. 일제강점기 폭압이 심화되던 1930년대 말에서 1940년대 초, 조선인들에게는 제대로 된 먹을 것이 없었다. 학병과 징용뿐만 아니라 물자와 식량까지 천황을 위한 전쟁에 바쳐졌다. 조선에 남아 있던 농민이든 근로봉사단으로 탄광에 끌려간 사람이든 콩깻묵을 먹기 십상이었다.

일본은 조선에 조선의 생태에 가장 적합한 전통 콩 종자를 개발하게 했다. 그것이 지금의 경기도 파주 장단콩이다. 그러나 당시 조선인들이 먹었던 것은 콩이 아니라 콩깻묵이었다. 콩깻묵은 콩기름을 짜고 남은 찌꺼기를 말한다. 가축의 사료나 비료로 쓰였다. 그만큼 조선에서 일본에 의한 곡식과 식량 등 경제적 수탈이 가혹했다.

영국의 동화 『잭과 콩나무』에서 엄마는 잭에게 암소를 시장에 가서 팔고 먹을 것을 구해오라고 말한다. 잭은 신비로운 사내를 만나 암소를 콩 세 개와 교환한다. 화가 난 엄마는 콩을 창밖 마당에 던져버리고 만다. 다음 날 아침 그 콩은 커다랗게 자라 구름 위까지 뻗어간다. 잭은 콩나무를 타고 올라가 거인의 성에 도착한다. 거인이 자고 있을 때 몰래 황금알을 낳는 닭, 금화와 은화, 말하는 하프를 훔쳐 내려와 부자가 된다.

이 동화에서 흥미로운 것은 콩이 보여주는 수직상승적인 지향과 힘이다. 콩을 단지 마당에 던졌을 뿐인데 콩이 구름 위까지 뻗어 올라간다. '콩알만 한' 것 안에 실은 무한하게 놀라운 세계가 숨어 있는 것이다. 콩이 열매이자 종자이며 생명의 핵심이기 때문이다. 그래서 콩을 고단백의 아이콘이라고 하는 것이다. 그 안에 영양가 높은 미래의 시간이 담겨 있다.

작고 만만해 보이는 콩알 하나에 담긴 수많은 비밀과 새로운 세계, 그것은 하나의 꿈이며 소용돌이다. 하나의 폭풍

맑은 듯 텁텁하게
입안에서 머물다
목구멍으로 넘어가는
콩국물을 시원하게 들이켜고 싶다.

이다. 콩알만 한 꿈이었는데 그냥 무심히 마당에 던져버렸는데 자고 일어나 보니 거대한 나무가 되었다. 우리의 꿈은 콩처럼 우리도 모르게 자라 하늘로 뻗어가고 있는지도 모른다.

작고 보잘것없지만 콩의 생명력은 질기다. 절실하다. 생존을 위한 성실한 생명력이다. 강낭콩 하나를 손바닥 위에 올려본다. 맑고 투명한 눈동자 하나가 나를 쳐다본다. 엄마에게 전화했더니 그런다. "야야, 여름철엔 콩국수가 최곤기라."

일제강점기 조선 민족을 지켜왔던 콩. 마당에 던졌는데 구름 위까지 올라갔던 콩. 맑은 듯 텁텁하게 입안에서 머물다 목구멍으로 넘어가는 콩국물을 시원하게 들이켜고 싶다. 콩국물의 눈물과 생명력이 한가득 몸속으로 스며들 것 같다.

사과

매일매일
찬란한 인생은
없다

가을을 찬란하다고 하는 데에는 어떤 슬픔도 함께 있다. 온전히 찬란한 인생 따위란 없는 것이다. 녹음의 푸르름이 사라지고 나면 어느새 여름은 온데간데없다. 따가운 햇빛이 그 힘을 잃고 시원한 바람이 몰려올 때 사과는 익어간다. 길상호의 시 「향기로운 배꼽」은 아기처럼 젖을 빠는 사과를 묘사하고 있다.

"흰 꽃잎 떨어진 자리 / 탯줄을 끊고 난 흉터가 / 사과에게도 있다 / 입으로 나무의 꼭지를 물고 / 숨차게 빠는 동안 / 반대편 배꼽은 꼭꼭 닫고 / 몸을 채우던 열매."

사과는 흰 꽃잎 떨어진 자리에 탯줄이 끊어진 듯한 흉터를 갖고 있다. 열매로 자라기 전에 사과는 나무의 꼭지를 입에 물고 숨차게 젖을 빨았다. 반대편에 배꼽을 닫아걸고 열심히 영양을 채워나갔다.

붉고 둥글게 익어가는 과일은 사랑의 명백한 증거다. 사과는 여름 동안 달과 별과 햇빛이 주는 화기火氣로 유황을 머금는다. 바람이 쓰다듬는 감미로운 애무를 받으며 우주의 기운을 받는다. 가을은 결실이고 과일 중 으뜸은 사과다.

그러나 이런 탐스러운 과일이 되기 위해서 사과도 이별을 겪어야 했다. 이별의 슬픔을 겪어야 했다. 탯줄을 끊어야 했다. 배꼽을 꼭꼭 닫아야 했다. 몸을 채워나가야 했다.

사과와 관련된 신화는 태곳적으로 올라간다. 누구는 선악과가 사과라는 말을 하기도 한다. 하지만 성경 외경外經을 봐도 사과인지는 분명치 않다. 저 유명한 트로이 전쟁의 영

생은 계속된다

웅을 만들어낸 그리스신화 속 아름다운 여인들은 사과를 징표로 내기를 한다. 싸움의 여신 에리스는 어느 결혼 피로연에서 식탁을 둘러싼 손님들 앞에 황금 사과를 굴린다. 사과에는 '가장 아름다운 여인에게'라고 쓰여 있다. 트로이 왕자 파리스는 헤라, 아테네, 아프로디테 세 명의 여신 중에 아프로디테야말로 사과를 가질 자격이 있다고 말한다. 결국 다른 여신들의 질투로 트로이 전쟁이 일어난다.

영국의 전설적인 영웅 빌헬름 텔이 아들의 머리 위에 있는 사과를 명중시키는 장면도 떠오른다. 무엇보다 동화『백설공주』에서 사과 이야기는 정점을 찍는다. 못된 계모는 백설공주를 죽이기 위해 독이 든 사과를 먹여 목적을 달성한다.

사과는 가장 친근하고 먹음직스러운 과일이다. 그 먹음직스런 과일이 세상으로 나오기 위해 까닭 모를 이별을 겪어야 한다. 흰 꽃잎은 후드득 다 떨어져야 한다. 탯줄이 끊어져야 한다. 그래야 비로소 우주적 동굴에서 세상 밖으로 나올 수 있다.

매혹적인 사과 한 알이 생기기 위해 사과도 흉터가 생긴다. 탯줄이 끊어진 자리, 그 흉터에서 사과는 익어간다. 그 무엇과 이별하지 않고서 어떻게 몸과 마음이 단단해질 수 있을까? 한때 솜털이 송송했을 당신의 배꼽을 들여다보라. 꽃이 진 자리, 한 목숨이 진 자리, 그곳에서 한 생명이 맺힌다. 이렇게 해서 사과는 가장 붉고 매혹적인 생명의 상징이 된다.

매일매일 찬란한 인생은 없다. 탯줄이 끊기듯 이별이 있고 나서야 새로운 생이 시작된다. 이별이 없다면 아픔이 없다면 나에게 새로운 생도 없다. 가장 매혹적인 생이 되기 위해 가장 낮은 겸허를 배워야 한다.

밥이
그리워졌다
ⓒ 김용희, 2020

초판 1쇄 2020년 3월 30일 찍음
초판 1쇄 2020년 4월 3일 펴냄

지은이 | 김용희
펴낸이 | 강준우
기획·편집 | 박상문, 김소현, 박효주, 김환표
디자인 | 최진영, 홍성권
마케팅 | 이태준
관리 | 최수향
인쇄·제본 | (주)삼신문화

펴낸곳 | 인물과사상사
출판등록 | 제17-204호 1998년 3월 11일

주소 | 04037 서울시 마포구 양화로7길 4(서교동) 2층
전화 | 02-325-6364
팩스 | 02-474-1413

www.inmul.co.kr | insa@inmul.co.kr

ISBN 978-89-5906-562-2 03810

값 14,500원

이 저작물의 내용을 쓰고자 할 때는 저작자와 인물과사상사의 허락을 받아야 합니다.
파손된 책은 바꾸어 드립니다.

이 도서의 국립중앙도서관 출판예정도서목록(CIP)은 서지정보유통지원시스템 홈페이지
(http://seoji.nl.go.kr)와 국가자료공동목록시스템(http://www.nl.go.kr/kolisnet)에서
이용하실 수 있습니다. (CIP제어번호: CIP2020012000)